Klasse 7-10

Barbara Theuer

PHYSIK Basics-Trainer

1 Mechanik

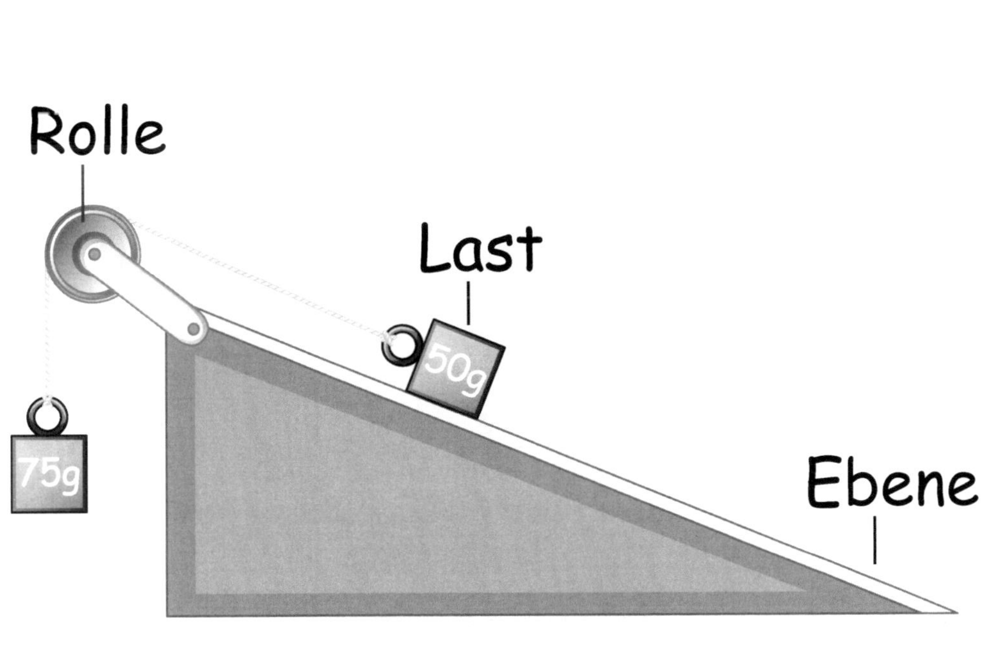

Grundlagen für jeden Tag!

Physik-Basics-Trainer

Band 1: Mechanik

2. Auflage 2026

Inhalt: Barbara Theuer
Graphen: Barbara Theuer
Coverbild: © blueringmedia & Danon - AdobeStock.com
Redaktion: Kohl-Verlag
Grafik & Satz: Kohl-Verlag
Druck: Druckerei Flock, Köln

Bestell-Nr. 13 050

ISBN: 978-3-98841-010-8

Bildquellen: Die Quellenangaben zu den Bilder finden Sie in der hinteren Umschlagseite.

Kontakt: Kohl-Verlag, An der Brennerei 37-45, 50170 Kerpen
Tel: +49 2275 331610, Mail: info@kohlverlag.de

Unsere Lizenzmodelle

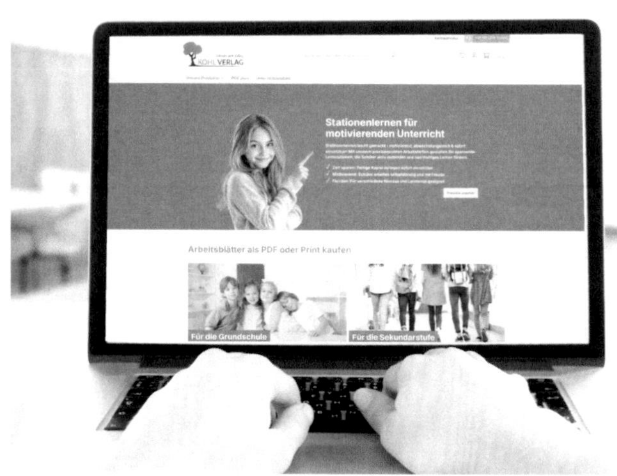

Der vorliegende Band ist eine Print-Einzellizenz

Sie wollen unsere Kopiervorlagen auch digital nutzen? Kein Problem – fast das gesamte KOHL-Sortiment ist auch sofort als PDF-Download erhältlich! Wir haben verschiedene Lizenzmodelle zur Auswahl:

	Print-Version	PDF-Einzellizenz	PDF-Schullizenz	Kombipaket Print & PDF-Einzellizenz	Kombipaket Print & PDF-Schullizenz
Unbefristete Nutzung der Materialien	x	x	x	x	x
Vervielfältigung, Weitergabe und Einsatz der Materialien im eigenen Unterricht	x	x	x	x	x
Nutzung der Materialien durch alle Lehrkräfte des Kollegiums an der lizensierten Schule			x		x
Einstellen des Materials im Intranet oder Schulserver der Institution			x		x

Die erweiterten Lizenzmodelle zu diesem Titel sind jederzeit im Online-Shop unter www.kohlverlag.de erhältlich.

Physik-Basics-Trainer für jeden Tag

Inhalt

KOHL VERLAG Physik-Basics-Trainer Band 1: MECHANIK – Bestell-Nr. 13 050

VORWORT

Den Inhalt dieses Heftes bildet das Grundwissen zur Mechanik im Physikunterricht der Klassen 7 bis 10 aller Schularten.

Auf den Arbeitsblättern zu einem bestimmten Thema sind kurze Begriffserklärungen zu den entsprechenden physikalischen Größen mit Angabe der Maßeinheiten und fünf bis zehn, meist kurze Aufgaben zum Kerninhalt der entsprechenden physikalischen Schwerpunkte enthalten.

In den Aufgaben mit unterschiedlichem Schwierigkeitsgrad wird sowohl Grundwissen abgefragt als auch die Anwendung beim Umformen von Gleichungen, Umgang mit Maßeinheiten, Diagrammen und beim Lösen von Aufgaben zu grundlegenden Fragen der Mechanik gefordert.

Den Arbeitsblättern zu einem Thema folgt jeweils ein Diplom zur Abfrage von Basiswissen mit entsprechenden Aufgaben – vorrangig zu Maßeinheiten, Formeln und deren Umformungen.

Im Sinne von „noch näher zur Basis" und „noch sparsamer formuliert" sind die Aufgabe auf den Arbeitsblättern im letzten Kapitel Basics-Puzzles dargestellt – für Übungen zwischendurch oder zum Rätseln zu Hause.

Die Lösungen mit einer kurzen Darstellung des Lösungsweges zu allen Aufgaben finden sich jeweils auf der Rückseite – der Lehrer entscheidet, ob er den Schülern die Lösung parallel zur Bearbeitung der Arbeitsblätter angibt oder ein Vergleich nach Abschluss der selbstständigen Schülertätigkeit erfolgen soll.

Die Seiten 15 bis 18 (Extrablätter für Fortgeschrittene und Wissbegierige) weichen im Aufbau etwas ab. Hier sind die Lösungen – jeweils überkopf – am unteren Blattrand notiert. Eine reine Info-Seite zu den Netwonschen Gesetzen innerhalb des **Kapitels 3 Kraft** finden Sie auf Seite 104.

Viel Erfolg beim Einsatz des ersten Bandes „Physik-Basics-Trainer" bei der Festigung im Stoffgebiet Mechanik wünschen das Team des Kohl-Verlages und

Barbara Theuer

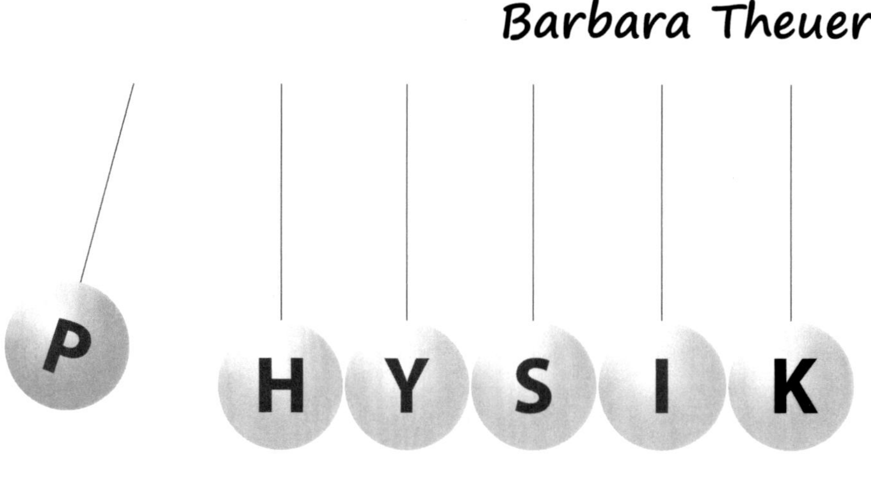

1. Einfache Größen und ihre Einheiten

1.1 Länge, Fläche und Volumen (Blatt 1)

ab Klasse 7

Aufgabe 1: *Ergänze die fehlenden Angaben.*

Objekt	Dimension	Größen und ihre Bedeutung	Einheit	Umrechnungszahl der Einheiten
Strecke	1	Länge a	1 m	10^1
Quadrat	2	Fläche A = ...		
Würfel	3	Volumen V = ...		

Aufgabe 2: *Ergänze die fehlenden Angaben.*

2,5 m = ________ cm
¾ m = ________ cm
5 mm = ________ cm
10 cm = ________ m
350 µm = ________ mm

µm - Mikrometer
1 mm = 1000 µm

Aufgabe 5: *Ein durchschnittliches menschliches Haar ist etwa 50 µm bis 80 µm dick.*

Gib die durchschnittliche Dicke in Millimeter an.

Aufgabe 3: *Einheiten der Fläche.*

Rechne um:

2,5 m² = ________ cm²
¾ m² = ________ cm²
5 mm² = ________ cm²
10 cm² = ________ m²

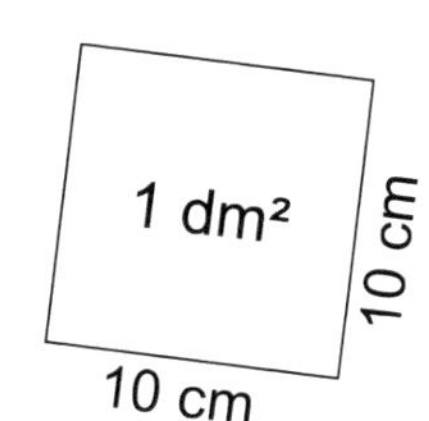

Aufgabe 6: *Ein Quadrat hat die Seitenlänge von 1 dm. Mit wie vielen Quadraten der Seitenlänge 1 cm kann man es vollständig auslegen?*

Aufgabe 4: *Einheiten des Volumens.*

Rechne um:

2,5 m³ = ________ cm³
¾ m³ = ________ cm³
5 mm³ = ________ cm³
10 cm³ = ________ m³
0,5 l = ________ ml
25 ml = ________ l

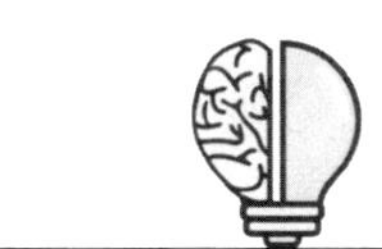

l - Liter
1 ml - Milliliter
1 l = 1 dm³

Aufgabe 7:

Wieviel Liter Wasser kann man in einen hohlen Würfel der Kantenlänge 20 cm füllen?

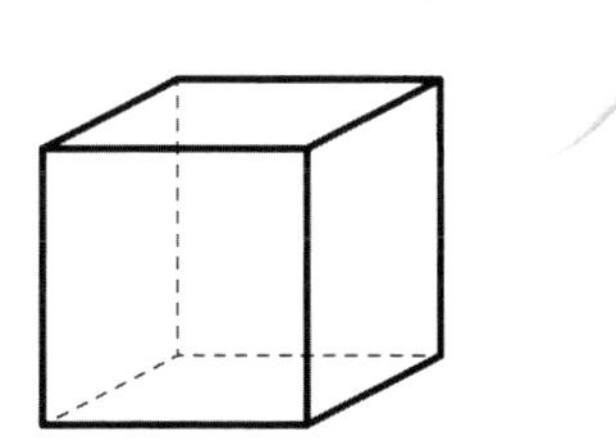

Physik-Basics-Trainer Band 1: MECHANIK – Bestell-Nr. 13 050

1. EINFACHE GRÖSSEN UND IHRE EINHEITEN

1.1 LÄNGE, FLÄCHE UND VOLUMEN (BLATT 1)

ab Klasse 7

Aufgabe 1:

Objekt	Dimension	Größen und ihre Bedeutung	Einheit	Umrechnungszahl der Einheiten
Strecke	1	Länge a	1 m	10^1
Quadrat	2	Fläche A = **a^2**	**1 m^2**	**10^2**
Würfel	3	Volumen V = **a^3**	**1 m^3**	**10^3**

Aufgabe 2:

2,5 m = **250 cm**
¾ m = **75 cm**
5 mm = **0,5 cm**
10 cm = **0,1 m**
350 µm = **0,350 mm**

Aufgabe 3:

2,5 m^2 = **25.000 cm^2**
¾ m^2 = **7500 cm^2**
5 mm^2 = **0,05 cm^2**
10 cm^2 = **0,001 m^2**

Aufgabe 4:

2,5 m^3 = **2.500.000 cm^3**
¾ m^3 = **750.000 cm^3**
5 mm^3 = **0,005 cm^3**
10 cm^3 = **0,00001 m^3**
0,5 l = **500 ml**
25 ml = **0,025 l**

Aufgabe 5:

Ein durchschnittliches menschliches Haar ist etwa 50 µm bis 80 µm dick.

Das sind 0,05 mm bis 0,08 mm.

Aufgabe 6:

Ein Quadrat der Seitenlänge 1 dm kann man mit 100 Quadraten der Seitenlänge 1 cm vollständig auslegen.

Aufgabe 7:

In einen hohlen Würfel der Kantenlänge 20 cm kann man 8 l Wasser füllen.

Physik-Basics-Trainer Band 1: MECHANIK – Bestell-Nr. 13 050
KOHL VERLAG

1. Einfache Grössen und ihre Einheiten

1.1 Länge, Fläche und Volumen (Blatt 2)

ab Klasse 10

Sehr große bzw. sehr kleine Zahlen z werden oft als Produkte einer reellen Zahl a und einer Zehnerpotenz dargestellt.

sehr große Zahlen	sehr kleine Zahlen
$z = a \cdot 10^n$; $0 < a < 10$; $n \in N$ (Exponent positiv) Beispiele: Vorsätze vor Maßeinheiten Mega 10^6 Giga 10^9 Tera 10^{12} $250.000 = 2{,}5 \cdot 10^5$ Masse des Mondes $7{,}346 \cdot 10^{22}$ kg	$z = a \cdot 10^{-n}$; $0 < a < 10$; $n \in N$ (Exponent negativ) Beispiele: Vorsätze vor Maßeinheiten Mikro 10^{-6} Nano 10^{-9} Piko 10^{-12} $0{,}00015 = 1{,}5 \cdot 10^{-4}$ Masse einer Bakterie etwa 10^{-12} g

Aufgabe 1: *Gib folgende Massen mittels Zehnerpotenzen in kg an.*

Körper	Masse	Angabe der Masse in Kilogramm mittels Zehnerpotenzen
Auto der Mittelklasse	**1,7 Tonnen**	
Vollbeladener Lastzug	**40 Tonnen**	
Blauwal	**100 Tonnen**	
Stahlkonstruktion des Eiffelturms	**7,6 Kilotonnen**	
Sandkorn (0,5 mm Durchmesser)	**200 Mikrogramm**	
Rotes Blutkörperchen des Menschen	**90 Pikogramm**	

KOHL VERLAG Physik-Basics-Trainer Band 1: MECHANIK – Bestell-Nr. 13 050

1. Einfache Grössen und ihre Einheiten

1.1 Länge, Fläche und Volumen (Blatt 2)

ab Klasse 10

Sehr große bzw. sehr kleine Zahlen z werden oft als Produkte einer reellen Zahl a und einer Zehnerpotenz dargestellt.

sehr große Zahlen	sehr kleine Zahlen
$z = a \cdot 10^n;\ 0 < a < 10;\ n \in N$ (Exponent positiv) Beispiele: Vorsätze vor Maßeinheiten Mega 10^6 Giga 10^9 Tera 10^{12} $250\,000 = 2{,}5 \cdot 10^5$ Masse des Mondes $7{,}346 \cdot 10^{22}$ kg	$z = a \cdot 10^{-n};\ 0 < a < 10;\ n \in N$ (Exponent negativ) Beispiele: Vorsätze vor Maßeinheiten Mikro 10^{-6} Nano 10^{-9} Piko 10^{-12} $0{,}00015 = 1{,}5 \cdot 10^{-4}$ Masse einer Bakterie etwa 10^{-12} g

Aufgabe 1:

Körper	Masse	Angabe der Masse in Kilogramm mittels Zehnerpotenzen
Auto der Mittelklasse	**1,7 Tonnen**	**$1{,}7 \cdot 10^3$ kg**
Vollbeladener Lastzug	**40 Tonnen**	**$4 \cdot 10^4$ kg**
Blauwal	**100 Tonnen**	**10^5 kg**
Stahlkonstruktion des Eiffelturms	**7,6 Kilotonnen**	**$7{,}6 \cdot 10^6$ kg**
Sandkorn (0,5 mm Durchmesser)	**200 Mikrogramm**	**$2 \cdot 10^{-7}$ kg**
Rotes Blutkörperchen des Menschen	**90 Pikogramm**	**$9 \cdot 10^{-14}$ kg**

Physik-Basics-Trainer Band 1: MECHANIK – Bestell-Nr. 13 050
KOHL VERLAG

1. Einfache Grössen und ihre Einheiten

1.2 Zeit

ab Klasse 7

Wie lange dauert 1 Sekunde?

Solange man von einer gleichmäßigen Erdrotation ausging, war die Sekunde der sechzigste Teil einer Minute des in 24 Stunden zu 60 Minuten eingeteilten Tages – somit Bruchteil $\frac{1}{86400}$ des mittleren Sonnentages.

Diese Definition ist inzwischen überholt, da Abweichungen von der Rotationsdauer der Erde infolge einer Verlagerung der Erdachse festgestellt wurden.

(Siehe auch „Extrablatt für Fortgeschrittene" zur Definition der SI- Einheiten)

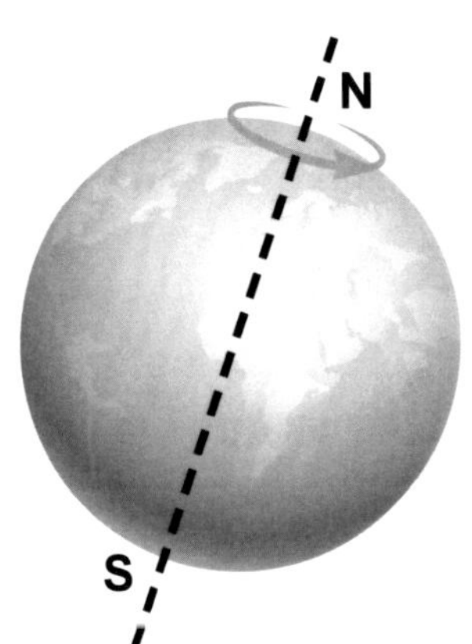

Aufgabe 1: *Wandle folgende Zeiteinheiten um.*

1 Tag (Symbol *d*) = ______ Stunden
1 Stunde (Symbol *h*) = ______ Minuten
1 Minute (Symbol *min*) = ______ Sekunden
1 Sekunde (Symbol *s*)

Aufgabe 2: *Gib folgende Zeitangaben in Minuten an.*

1 h 50 min = ________ min
2,5 h = ________ min
1,2 h = ________ min
1,25 h = ________ min
1 d = ________ min
1 d 2 h 30 min = ________ min

Aufgabe 3: *Gib folgende Zeitangaben in Sekunden an.*

3 min 15 s = ____________ s
4,25 min = ____________ s
2 ¾ min = ____________ s
1 h = ____________ s

Aufgabe 4: *Welche Zeitspanne ist größer? Setze das passende Relationszeichen.*

385 min _____ 6,3 h
84 s _____ 1 min 14 s
135 s _____ 2,25 min

Aufgabe 5: *Wie viele Sekunden hat ein Tag? Notiere deine Rechnung.*

Aufgabe 6: *Auf einem Fahrplan der Deutschen Bahn ist zu lesen:*

ICE 1552
Abfahrt Leipzig HBF 19:33 Uhr
Ankunft Erfurt HBF 20:16 Uhr

Wie lange ist der Zug von Leipzig nach Erfurt unterwegs?

Aufgabe 7: *Der Mond umkreist die Erde. Seine Umlaufzeit beträgt 27,3217 Tage.*

Gib diese Zeit in folgendem Format an:

__ Tage __ Stunden __ Minuten __ Sekunden

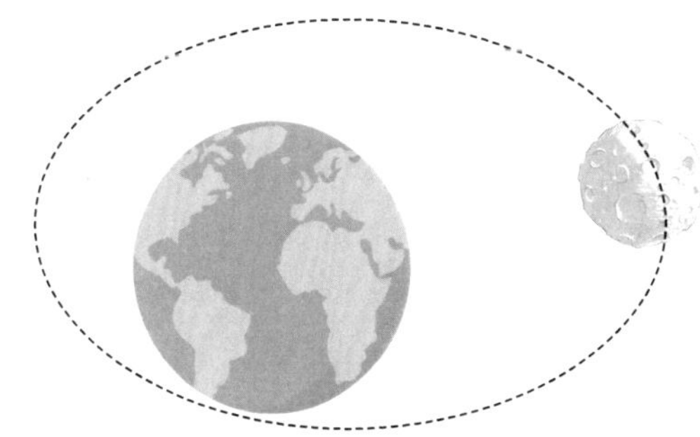

KOHL VERLAG Physik-Basics-Trainer Band 1: MECHANIK – Bestell-Nr. 13 050

1. Einfache Grössen und ihre Einheiten

1.2 Zeit

ab Klasse 7

Wie lange dauert 1 Sekunde?

Solange man von einer gleichmäßigen Erdrotation ausging, war die Sekunde der sechzigste Teil einer Minute des in 24 Stunden zu 60 Minuten eingeteilten Tages – somit Bruchteil $\frac{1}{86400}$ des mittleren Sonnentages.

Diese Definition ist inzwischen überholt, da Abweichungen von der Rotationsdauer der Erde infolge einer Verlagerung der Erdachse festgestellt wurden.

(Siehe auch „Extrablatt für Fortgeschrittene" zur Definition der SI- Einheiten)

Aufgabe 1:

1 Tag (Symbol *d*)	=	**24 Stunden**
1 Stunde (Symbol *h*)	=	**60 Minuten**
1 Minute (Symbol *min*)	=	**60 Sekunden**
1 Sekunde (Symbol *s*)		

Aufgabe 2:

1 h 50 min	=	**110 min**
2,5 h	=	**150 min**
1,2 h	=	**72 min**
1,25 h	=	**75 min**
1 d	=	**1440 min**
1 d 2 h 30 min	=	**1590 min**

Aufgabe 3:

3 min 15 s	=	**195 s**
4,25 min	=	**255 s**
2 ¾ min	=	**165 s**
1 h	=	**3600 s**

Aufgabe 4:

385 min	**>**	6,3 h
84 s	**>**	1 min 14 s
135 s	**=**	2,25 min

Aufgabe 5:

1 d = 24 • 60 • 60 = 86.400 s

Ein Tag hat 86.400 Sekunden.

Aufgabe 6:

Der Zug ist 43 Minuten von Leipzig nach Erfurt unterwegs.

Aufgabe 7:

27 Tage **7** Stunden **43** Minuten **15** Sekunden

KOHL VERLAG Physik-Basics-Trainer Band 1: MECHANIK – Bestell-Nr. 13 050

1. Einfache Größen und ihre Einheiten

1.3 Masse

ab Klasse 7

Im metrischen System wurde auch die Einheit der Größe Masse (früher auch mit Gewicht gleichgesetzt) normiert.

Diese Normmasse – der auch als Urkilogramm bezeichnete Kilogrammprototyp – hatte von 1889 bis 2019 internationale Gültigkeit.

(Mehr darüber erfährst du auf dem „Extrablatt für Fortgeschrittene" zur Definition der Si - Einheiten.)

Aufgabe 1: **a)** *Gib folgende Masseneinheiten in der kleineren Einheit an.*

1 Tonne (Symbol *t*) = ________ kg

1 Kilogramm (Symbol *kg*) = ________ g

1 Gramm (Symbol *g*) = ________ mg

1 Milligramm (Symbol *mg*)

b) *Gib folgende Masseneinheiten in der größeren Einheit an.*

1 mg = ________ g

1g = ________ kg

1 kg = ________ t

Aufgabe 2: *Wandle um.*

1,25 t = __________ kg

0,025 kg = __________ g

¾ kg = __________ g

2 kg und 50 g = __________ g

0,0001 kg = __________ mg

0,2 g = __________ mg

35 mg = __________ g

1125 g = __________ kg

50 kg = __________ t

Aufgabe 3: *Welche Masse ist größer? Setze das passende Relationszeichen.*

24.550 g _____ 2,4560 kg

17,5 mg _____ 0,175 g

1 g und 30 mg _____ 1,3 g

Aufgabe 4: *Ordne folgenden Körpern ihre Massen, passend zu. Die Massenangaben findest du ungeordnet im Kasten.*

Mücke = ____________

Apfel = ____________

1 Liter Wasser = ____________

1 dm³ Eis = ____________

Elefant = ____________

Blauwal = ____________

bis 200 t / 1 kg / bis 250 g /
bis 10.000 kg / bis 2,5 mg / bis 920 g

Aufgabe 5: **Für Wissbegierige*

Um sehr große Größen anzugeben, benutzt man die Darstellung mit (abgetrennten) Zehnerpotenzen, wie zum Beispiel:

$1.000.000 = 10^6$

$1.500.000 = 1{,}5 \cdot 10^6$

Der im Sommer 2023 gesichtete Riesenkomet „C/2014 UN 271" hat einen Durchmesser von etwa 137 km und schätzungsweise eine Masse von 500.000.000.000.000 t (500 Billionen Tonnen).

Gib die Masse m_K des Kometen mit abgetrennten Zehnerpotenzen in kg an. m_K = ____________

Physik-Basics-Trainer Band 1: MECHANIK – Bestell-Nr. 13 050

1. EINFACHE GRÖSSEN UND IHRE EINHEITEN

1.3 MASSE

ab Klasse 7

Im metrischen System wurde auch die Einheit der Größe Masse (früher auch mit Gewicht gleichgesetzt) normiert.

Diese Normmasse – der auch als Urkilogramm bezeichnete Kilogrammprototyp – hatte von 1889 bis 2019 internationale Gültigkeit.

(Mehr darüber erfährst du auf dem „Extrablatt für Fortgeschrittene" zur Definition der Si - Einheiten.)

Aufgabe 1: a)

1 Tonne (Symbol *t*)	=	**1000 kg**
1 Kilogramm (Symbol *kg*)	=	**1000 g**
1 Gramm (Symbol *g*)	=	**1000 mg**
1 Milligramm (Symbol *mg*)		

b)

1 mg	=	**0,001 g**
1g	=	**0,001 kg**
1 kg	=	**0,001 t**

Aufgabe 4:

Mücke	=	**bis 2,5 mg**
Apfel	=	**bis 250 g**
1 Liter Wasser	=	**1 kg**
1 dm³ Eis	=	**bis 920 g**
Elefant	=	**bis 10.000 kg**
Blauwal	=	**bis 200 t**

Aufgabe 2:

1,25 t	=	**1250 kg**
0,025 kg	=	**25 g**
¾ kg	=	**750 g**
2 kg und 50 g	=	**2050 g**
0,0001 kg	=	**100 mg**
0,2 g	=	**200 mg**
35 mg	=	**0,035 g**
1125 g	=	**1,125 kg**
50 kg	=	**0,050 t**

Aufgabe 3:

24 550 g	>	2,4560 kg
17,5 mg	<	0,175 g
1 g und 30 mg	<	1,3 g

Aufgabe 5: *Für Wissbegierige

Der im Sommer 2023 gesichtete Riesenkomet „C/2014 UN 271" hat einen Durchmesser von etwa 137 km und schätzungsweise eine Masse von 500.000.000.000.000 t (500 Billionen Tonnen).

Gib die Masse m_K des Kometen mit abgetrennten Zehnerpotenzen in kg an.

m_K = $\mathbf{5 \cdot 10^{17}}$ **kg**

KOHL VERLAG Physik-Basics-Trainer Band 1: MECHANIK – Bestell-Nr. 13 050

1. Einfache Größen und ihre Einheiten	ab Klasse 7
1.4 Dichte	

Während ein Eisenquader von 1 dm³ Volumen eine Masse von 7,8 kg hat, wiegt ein gleichgroßer Quader aus Kork nur 150 g. Das liegt an der unterschiedlichen Dichte der Teilchen dieser Stoffe. Dieser Sachverhalt wird mit der physikalischen Größe „Dichte" (Symbol ρ) beschrieben. Für die Dichte eines Körpers der Masse m und dem Volumen V gilt:

$$\rho = \frac{m}{V}, \text{ Einheit } \frac{g}{cm^3}$$

Aufgabe 1: *Welche der folgenden Ausdrücke sind als Einheiten für die Dichte möglich?*

(A) $\frac{kg}{dm^3}$ (B) $\frac{g}{cm^2}$ (C) $\frac{g}{ml}$

Aufgabe 2: *Stelle die Formel* $\rho = \frac{m}{V}$

a) *nach **m** um:* ____

b) *nach **V** um:* ____

Aufgabe 3: *Die Dichte von Gold beträgt 19,3 g/cm³. Wieviel wiegt ein Würfel aus Gold der Kantenlänge 2 cm?*

Aufgabe 4: *Die Dichte von Silber beträgt 10,49 g/cm³.*

a) *Wieviel wiegt ein Silberwürfel der Kantenlänge 2 cm?*

b) *Wieviel Wasser verdrängt ein Ring der Masse 20 g aus Silber beim vollständigen Eintauchen?*

Aufgabe 5: *Berechne anhand der Angaben im oberen Kasten jeweils die Dichte von Eisen und von Kork in g/cm³.*

Aufgabe 6: *Welchen Raum nehmen jeweils ein 1 kg schwerer Körper aus Eisen und ein 1 kg schwerer Körper aus Kork ein?*

Aufgabe 7: *Welche der beiden Kronen ist aus echtem Gold (ohne Beimischung von Silber)? Setze „X".*

○ A	○ B
wiegt 2,509 kg	wiegt 2,509 kg
verdrängt 130 ml Wasser	verdrängt 160 ml Wasser

KOHL VERLAG Physik-Basics-Trainer Band 1: MECHANIK – Bestell-Nr. 13 050

1. EINFACHE GRÖSSEN UND IHRE EINHEITEN

1.4 DICHTE

ab Klasse 7

Während ein Eisenquader von 1 dm³ Volumen eine Masse von 7,8 kg hat, wiegt ein gleichgroßer Quader aus Kork nur 150 g. Das liegt an der unterschiedlichen Dichte der Teilchen dieser Stoffe. Dieser Sachverhalt wird mit der physikalischen Größe „Dichte" (Symbol ρ) beschrieben. Für die Dichte eines Körpers der Masse m und dem Volumen V gilt:

$$\rho = \frac{m}{V}, \text{ Einheit } \frac{g}{cm^3}$$

Aufgabe 1: Als Einheiten sind möglich:

(A) $\frac{kg}{dm^3}$ (C) $\frac{g}{ml}$

Aufgabe 2:

a) $m = \rho \cdot V$

b) $V = \frac{m}{\rho}$

Aufgabe 3:

$V = (2\ cm)^3 = 8\ cm^3$
$m = \rho \cdot V = 19{,}3\ g/cm^3 \cdot 8\ cm^3 = \mathbf{154{,}4\ g}$

Ein Goldwürfel der Kantenlänge 2 cm wiegt 154,4 g.

Aufgabe 4:

a) $V = (2\ cm)^3 = 8\ cm^3$
$m = \rho \cdot V = 10{,}49\ g/cm^3 \cdot 8\ cm^3 = \mathbf{83{,}92\ g}$

Ein Silberwürfel der Kantenlänge 2 cm wiegt 83,92 g

b) $V = \frac{m}{\rho} = \frac{20\ g}{10{,}49\ g/cm^3} \approx \mathbf{1{,}91\ cm^3}$

Der Silberring verdrängt etwa 1,91 cm³ (1,91 ml) Wasser.

Aufgabe 5:

Eisen	Kork
$V = 1\ dm^3$	$V = 1\ dm^3$
$m = 7{,}8\ kg$	$m = 150\ g$
$\rho = \frac{m}{V} = \frac{7{,}8\ kg}{1\ dm^3}$ $\rho_{Eisen} = 7{,}8\ \frac{g}{cm^3}$	$\rho = \frac{m}{V} = \frac{150\ g}{1\ dm^3}$ $\rho_{Kork} = 0{,}15\ \frac{g}{cm^3}$

Aufgabe 6:

1 kg Eisen nimmt etwa **128,205 cm³** und 1 kg Kork nimmt etwa **6666,667 cm³** Raum ein.

Aufgabe 7:  **A**

Krone A ist aus echtem Gold, denn

$\rho = \frac{m}{V} = \frac{2509\ g}{130\ cm^3} = 19{,}3\ g/cm^3$

(Dichte von Gold).

Die Krone B verdrängt bei gleicher Masse mehr Wasser, folglich enthält sie Beimischungen eines Stoffes mit geringerer Dichte (Silber).

Physik-Basics-Trainer Band 1: MECHANIK – Bestell-Nr. 13 050
KOHL VERLAG

1. Einfache Größen und ihre Einheiten	ab Klasse 10 / Blatt 1
1.5 Extrablätter für Fortgeschrittene und Wissbegierige	

Was bedeutet „SI" und was sind „SI – Einheiten"?

SI ist die Abkürzung für das Internationale Einheitensystem „*Système international d'unités*" (französisch). Die durch das SI definierten Maßeinheiten nennt man SI-Einheiten.

Die sieben Einheiten „Sekunde" (s), „Meter" (m), „Kilogramm" (kg), „Ampere" (A), „Kelvin" (K), „Mol" (mol) und „Candela" (cd) wurden im SI in dieser Reihenfolge als Basiseinheiten festgelegt.
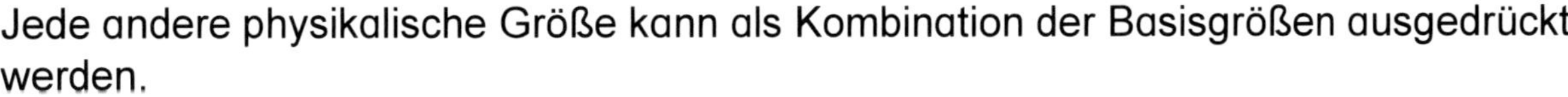
Jede andere physikalische Größe kann als Kombination der Basisgrößen ausgedrückt werden.
Seit Mai 2019 trat ein Beschluss der Generalkonferenz für Maß und Gewicht, welche regelmäßig am Sitz des Internationalen Büros für Maß und Gewicht (BIPM) tagt, in Kraft, mit welchem die Basiseinheiten neu über Naturkonstanten definiert wurden. Damit wurden den Basiseinheiten feste Werte – unabhängig von experimentellen Bedingungen bei der Realisierung – zugewiesen.

Wie lang ist „1 Meter"?

Der Ursprung der Längeneinheit „Meter" geht auf einen Beschluss der französischen Nationalversammlung zurück, ein einheitliches Längenmaß, welches unabhängig von Länge menschlicher Gliedmaßen (wie Zoll, Fuß, Elle usw.) ist, zu definieren.
So wurde nach mehreren Erdvermessungen ein Bruchteil der Länge eines Erdmeridians der Definition „Meter" zugrunde gelegt. Dieser 1799 für verbindlich erklärte Wert wurde durch einen Platinstab als Prototyp realisiert und Urmeter genannt.

Weiter folgende Vermessungen mit Abweichungen von diesem Wert zeigten, dass sich die Erde als ungeeignet zur Definition des Meters erwies. Deshalb wurde der Meter als die Länge eines konkreten Gegenstands festgesetzt.

Im Jahr 1889 führte das Internationale Büro für Maß und Gewicht (BIPM) den Internationalen Meterprototyp als Prototyp für die Einheit Meter ein. Dabei handelte es sich um einen Stab mit kreuzförmigem Querschnitt. Als Material wurde eine Platin-Iridium-Legierung im Verhältnis 90:10 gewählt. Die Länge des Meters wurde festgelegt als der Abstand der Mittelstriche zweier Strichgruppen auf dem auf einer konstanten Temperatur von 0 °C gehaltenen Stab.

Obgleich bei der Herstellung der Meterprototypen größter Wert auf Haltbarkeit und Unveränderbarkeit gelegt worden war, konnten diese Eigenschaften nicht zu hundert Prozent gewährleistet werden. Vor allem aber führte die Anfertigung von Kopien zu Abweichungen.

Die Wissenschaftler suchten nach einer Definition des Meters, die unabhängig von Maßverkörperungen und Messvorschriften realisiert werden konnte.
Zu Beginn des 20. Jahrhunderts schlug Albert A. Michelson vor, den Meter anhand der Wellenlänge von Spektrallinien zu definieren. 1960 wurde der Meter auf dieser Grundlage neu definiert.

Physik-Basics-Trainer
Band 1: MECHANIK – Bestell-Nr. 13 050
KOHL VERLAG

1. EINFACHE GRÖSSEN UND IHRE EINHEITEN	ab Klasse 10 / Blatt 2
1.5 EXTRABLÄTTER FÜR FORTGESCHRITTENE UND WISSBEGIERIGE	

Wie lang ist „1 Meter“? (Fortsetzung Blatt 1)

Mit der Entwicklung stabilerer Lichtquellen (Laser) und präziserer Messmethoden ließ sich auch die Lichtgeschwindigkeit auf 1 m/s genau bestimmen. Dieser Wert wurde als neuer Standardwert – künftig unabhängig von Messungen – festgelegt.
1975 wurde auf der 15. Generalkonferenz für Maß und Gewicht (CGPM) eine bis heute gültige Neudefinition des Meters empfohlen, der auf dem Standardwert für die Lichtgeschwindigkeit von 299.792.458 m/s beruht. Die 17. CGPM beschloss am 20. Oktober 1983, den Meter als diejenige Strecke, die das Licht im Vakuum innerhalb des Zeitintervalls von 1/299.792.458 Sekunden durchläuft, zu definieren.
Der Meter war die erste Basiseinheit, die auf einer Naturkonstante beruhte.
(Mit der Revision des SI im Jahr 2019 durch die 26. CGPM wurde lediglich der Wortlaut der Definition an den der anderen SI-Basiseinheiten angepasst.)

Fakten auszugsweise entnommen aus:
https://de.wikipedia.org/wiki/Meter

Licht ist besser geeignet als Platin.

Aufgabe für Fortgeschrittene

Albert Einstein hat zwar keinen Anteil an der Neudefinition des Meters, aber bedeutende Eigenschaften des Lichts formuliert. Was weißt du darüber?

____

____

____

LÖSUNG

Albert Einstein hat zwar keinen Anteil an der Neudefinition des Meters, aber bedeutende Eigenschaften des Lichts formuliert. Was weißt du darüber?

Individuelle Lösungen

Inhaltlich:
- Licht besteht aus Energiebündeln, den Photonen.
- Die Ausbreitung des Lichts (der Photonen) geschieht im Vakuum unabhängig von der Lichtquelle mit der größtmöglichen Geschwindigkeit – der Lichtgeschwindigkeit – von etwa 300.000 km/s.

KOHL VERLAG Physik-Basics-Trainer Band 1: MECHANIK – Bestell-Nr. 13 050

1. EINFACHE GRÖSSEN UND IHRE EINHEITEN

1.5 EXTRABLÄTTER FÜR FORTGESCHRITTENE UND WISSBEGIERIGE

ab Klasse 10 / Blatt 3

Wie schwer ist „1 Kilogramm“

Von 1889 bis 2019 hatte der auch als **Urkilogramm** bezeichnete Kilogrammprototyp internationale Gültigkeit.

Das Urkilogramm wurde in einem Tresor des Internationalen Büros für Maß und Gewicht in Sévres bei Paris aufbewahrt. Es handelt sich um einen Zylinder von 39 Millimeter Höhe und 39 Millimeter Durchmesser, der aus einer Legierung von 90 % Platin und 10 % Iridium besteht.

Bei Vergleichen (Nachprüfungen) der nationalen mit dem Internationalen Kilogrammprototyp des BIPM, stellte man fest, dass das Urkilogramm im Vergleich zu den Kopien in 100 Jahren um 50 Mikrogramm leichter geworden ist, was etwa der Masse eines Salzkorns entspricht.

Die Forderung nach höherer Genauigkeit führte zu einer Neudefinition des Kilogramms.

Seit Mai 2019 basiert die Definition der Maßeinheit 1 Kilogramm auf einem zahlenmäßig festgelegten Wert der Planck‘schen Konstanten mit $6{,}62607015 \cdot 10^{-34}$ und den Definitionen von Meter und Sekunde. Eine Methode der Realisierung erfolgt über den Vergleich von elektrischer und mechanischer Leistung, wobei sogenannte Watt-Waagen verwendet werden.

Zum Messprinzip:

Mit einer stromdurchflossenen Spule und deren Magnetfeld werden nacheinander zwei Experimente durchgeführt, eine Wägung und eine Bewegung.
- Bei der Wägung wird der Strom I gemessen, der für die Kompensation der Gewichtskraft der Masse m nötig ist.
- Bei der Bewegung wird die Induktionsspannung U gemessen, die durch eine vertikale Bewegung mit einer Geschwindigkeit v erzeugt wird. (g ist die Fallbeschleunigung am Ort der Messung.)

Nach Umformungen von Gleichungen, welche aus physikalischen Gesetzen folgen, die hier nicht weiter erläutert werden sollen, folgt eine allerdings noch weiter zu bearbeitende Beziehung zur Massedefinition:

$$I \cdot U = m \cdot g \cdot v$$

Betrachtet man die Einheiten, so erhält man auf beiden Seiten Einheiten der Leistung, woraus die Bezeichnung “Wattwaage“ der Messapparatur folgte.

KOHL VERLAG Physik-Basics-Trainer Band 1: MECHANIK – Bestell-Nr. 13 050

1. Einfache Größen und ihre Einheiten	ab Klasse
1.5 Extrablätter für Fortgeschrittene und Wissbegierige	10 / Blatt 4

Wie lange dauert „1 Sekunde“

Bis 1967 beruhte die Definition der Sekunde auf astronomischen Messungen (unter anderem als Bruchteil $\frac{1}{86400}$ des mittleren Sonnentages – festgelegt durch die Erdrotation). Aufgrund von Abweichungen der Rotationsdauer der Erde infolge einer Verlagerung der Erdachse war eine neue Definition erforderlich.

Die atomare Sekundendefinition von 1967:

„Die Sekunde ist das 9.192.631.770-fache der Periodendauer der dem Übergang zwischen den beiden Hyperfeinstrukturniveaus des Grundzustandes von Atomen des Nuklids ^{133}Cs entsprechenden Strahlung.“ (entnommen aus: https://www.ptb.de)

Definitionsgemäß ist die Sekunde also das Vielfache der Periode einer Mikrowelle, die mit einem ausgewählten Niveauübergang im Caesium-Atom in Resonanz ist. Daher wird sie als Atomsekunde bezeichnet.

Was du wissen solltest – Ein kleiner Extratest für Fortgeschrittene

1. Wie lautet die Abkürzung für das Internationale Einheitensystem? (A) IE (B) IS (C) SI	4. Auf welche Naturkonstante bezieht sich die aktuell gültige Definition der Einheit „1 Meter“?
2. Wie heißen die Basiseinheiten des Internationale Einheitensystems?	5. Bis zu welchem Jahr galt das „Urkilogramm“ als Prototyp für die Einheit „1 Kilogramm“?
3. Welches Gremium trifft Beschlüsse zur Definition von Maßeinheiten und deren Gültigkeit?	6. Warum war die bis 1967 gültige Definition der Einheit „1 Sekunde“ als Bruchteil $\frac{1}{86400}$ des mittleren Sonnentages nicht exakt zutreffend?

Lösung

1. Richtig ist: (C) SI	4. Die aktuell gütige Definition der Einheit „1 Meter“ bezieht sich auf den Standardwert (als Naturkonstante definiert) für die Lichtgeschwindigkeit von 299.792.458 m/s.
2. Die Basiseinheiten des Internationalen Einheitensystems heißen: „Sekunde“ (s), „Meter“ (m), „Kilogramm“ (kg), „Ampere“ (A), „Kelvin“ (K), „Mol“ (mol) und „Candela“ (cd)	5. Bis Mai 2019 galt das „Urkilogramm“ als Prototyp für die Einheit „1 Kilogramm“?
3. Die Generalkonferenz für Maß und Gewicht, welche regelmäßig am Sitz des Internationalen Büros für Maß und Gewicht (BIPM) tagt, trifft Beschlüsse zur Definition von Maßeinheiten und deren Gültigkeit.	6. Die bis 1967 gültige Definition der Einheit „1 Sekunde“ als Bruchteil $\frac{1}{86400}$ des mittleren Sonnentages war nicht exakt zutreffend, da Abweichungen der Rotationsdauer der Erde infolge einer Verlagerung der Erdachse festgestellt wurden.

KOHL VERLAG Physik-Basics-Trainer Band 1: MECHANIK ▪ Bestell-Nr. 13 050

1. Einfache Größen und ihre Einheiten

1.6 Diplom (Blatt 1)

ab Klasse 7

1. *Wandle die Längeneinheiten um.*

0,2 m = ________ cm
¾ cm = ________ mm
50 µm = ________ mm

2. *Vergleiche die Längen; setze passende Relationszeichen.*

0,450 km ____ 45 m
85 cm ____ 8,5 m
1 cm und 0,5 mm ____ 1,5 cm

3. *Wandle die Flächeneinheiten um.*

1,5 m² = ________ dm²
0,2 m² = ________ cm²
25 mm² = ________ cm²
5 cm² = ________ m²

4. *Vergleiche die Flächen; setze passende Relationszeichen.*

¾ m² ____ 75 dm²
350 mm² ____ 0,35 cm²
0,4 dm² ____ 4 cm²

5. *Wandle die Raumeinheiten um.*

1,25 m³ = ________ dm³
¼ m³ = ________ cm³
20 mm³ = ________ cm³
0,75 l = ________ ml
80 ml = ________ l

6. *Wieviel Liter Wasser passen in einen Würfel der Kantenlänge 10 cm?*

7. *Welche Flüssigkeitsmenge passt in einen Würfel der Kantenlänge 5 cm?*

(A) 25 ml
(B) 125 ml
(C) 1,25 l

8. *Wandle die Masseneinheiten um.*

1,03 t – ________ kg
⅛ kg = ________ g
25 mg = ________ g

9. *Welche Masse ist größer? Setze das passende Relationszeichen.*

1,4370 kg ____ 14350 g
0,125 g ____ 125,000 mg
2 g und 3 mg ____ 2,3 g

10. *Wandle die Zeiteinheiten um.*

0,5 h = ________ s
2 min und 10 s = ________ s
150 s = ________ min

11. *100 ml Sonnenblumenöl wiegen bei 15 °C 92 g. Berechne die Dichte der Flüssigkeit.*

12. *Welcher Stoff nimmt bei gleicher Masse mehr Raum ein?*

(A) Stoff A: $\rho = 8\ \frac{g}{cm^3}$ (B) Stoff B: $\rho = 9\ \frac{g}{cm^3}$

Physik-Basics-Trainer Band 1: MECHANIK – Bestell-Nr. 13 050
KOHL VERLAG

1. Einfache Größen und ihre Einheiten

1.6 Diplom (Blatt 1)

ab Klasse 7

1.

0,2 m = **20 cm**

¾ cm = **7,5 mm**

50 µm = **0,05 mm**

2.

0,450 km > 45 m

85 cm < 8,5 m

1 cm und 0,5 mm < 1,5 cm

3.

1,5 m^2 = **150 dm^2**

0,2 m^2 = **2000 cm^2**

25 mm^2 = **0,25 cm^2**

5 cm^2 = **0,0005 m^2**

4.

¾ m^2 = 75 dm^2

350 mm^2 > 0,35 cm^2

0,4 dm^2 > 4 cm^2

5.

1,25 m^3 = **1250 dm^3**

¼ m^3 = **250.000 cm^3**

20 mm^3 = **0,02 cm^3**

0,75 l = **750 ml**

80 ml = **0,08 l**

6.

In einen Würfel der Kantenlänge 10 cm passt 1 l Wasser.

7.

Ⓑ **125 ml**

8.

1,03 t = **1030 kg**

⅛ kg = **125 g**

25 mg = **0,025 g**

9.

1,4370 kg < 14350 g

0,125 g = 125,000 mg

2 g und 3 mg < 2,3 g

10.

0,5 h = **1800 s**

2 min und 10 s = **130 s**

150 s = **2,5 min**

11. $\rho = \frac{m}{V} = \frac{92\ g}{100\ cm^3} = 0{,}92\ \frac{g}{cm^3}$

Sonnenblumenöl hat eine Dichte von 0,92 $\frac{g}{cm^3}$

12.

Ⓐ **Stoff A: $\rho = 8\ \frac{g}{cm^3}$**

Physik-Basics-Trainer Band 1: MECHANIK • Bestell-Nr. 13 950
KOHL VERLAG

1. EINFACHE GRÖSSEN UND IHRE EINHEITEN

1.6 DIPLOM (BLATT 2)

ab Klasse 10

1. *Schreibe folgende Größenangaben mit abgetrennten Zehnerpotenzen.*

Astronomische Einheit ≈ 149,6 Millionen km	
Abstand des Mondes von der Erde ≈ 384.400 km	
Masse des Halleyschen Kometen ≈ 200 Billionen kg	
Größe von Viren ≈ 0,000.000.015 m	
Durchmesser des Wasserstoffatoms ≈ 0,000.000.0001 m	

2. *Schreibe folgende Größenangaben ohne abgetrennte Zehnerpotenzen.*

$1{,}25 \cdot 10^3$ t = ____________

$3{,}2 \cdot 10^5$ kg = ____________

$1{,}5 \cdot 10^8$ km = ____________

$4 \cdot 10^{-6}$ m = ____________

$2{,}3 \cdot 10^{-9}$ m = ____________

3. *Wandle um und gib das Ergebnis jeweils mit abgetrennten Zehnerpotenzen an.*

150 t = __________ g

230 m = __________ mm

0,005 mm = __________ nm

25 µm = __________ m

24 h = __________ s

4. *Vergleiche die Größen; setze passende Relationszeichen.*

$2{,}5 \cdot 10^6$ kg _____ 25.000 t

$1{,}25 \cdot 10^3$ t _____ 1250 t

45 µm _____ 0,45 mm

500 nm _____ 0,5 µm

$3{,}2 \cdot 10^{-9}$ m _____ 0,32 nm

5. *Hier im Kasten ist alles durcheinandergeraten. Ordne die Längen der Größe nach; beginne mit der kleinsten und setze Relationszeichen.*

3 mm / $7{,}5 \cdot 10^3$ m / 750 m / 0,025 mm / 30 nm / 25 µm / $7{,}5 \cdot 10^{-4}$ m / 0,050 km / 5,1 m / $2{,}5 \cdot 10^{-4}$ m / 0,3 µm / 50 dm / $3 \cdot 10^{-8}$ m / $4 \cdot 10^{-9}$ m / 0,0031 m / 500 m

6. *1 m³ Luft wiegt in Meeresspiegelhöhe bei 20 °C 1,2041 kg. Berechne die Dichte von Luft in $\frac{g}{cm^3}$.*

Physik-Basics-Trainer Band 1: MECHANIK – Bestell-Nr. 13 050

KOHL VERLAG

1. Einfache Grössen und ihre Einheiten

1.6 Diplom (Blatt 2)

ab Klasse 10

1.

Astronomische Einheit ≈ 149,6 Millionen km	**$1{,}496 \cdot 10^8$ km**
Abstand des Mondes von der Erde ≈ 384.400 km	**$3{,}844 \cdot 10^5$ km**
Masse des Halleyschen Kometen ≈ 200 Billionen kg	**$2 \cdot 10^{14}$ kg**
Größe von Viren ≈ 0,000.000.015 m	**$1{,}5 \cdot 10^{-8}$ m**
Durchmesser des Wasserstoffatoms ≈ 0,000.000.0001 m	**10^{-10} m**

2.

$1{,}25 \cdot 10^3$ t = **1250 t**

$3{,}2 \cdot 10^5$ kg = **320.000 kg**

$1{,}5 \cdot 10^8$ km = **150.000.000 km**

$4 \cdot 10^{-6}$ m = **0,000.004 m**

$2{,}3 \cdot 10^{-9}$ m = **0,000.000.0023 m**

3.

150 t = **$1{,}5 \cdot 10^8$ g**

230 m = **$2{,}3 \cdot 10^5$ mm**

0,005 mm = **$5 \cdot 10^3$ nm**

25 µm = **$2{,}5 \cdot 10^{-5}$ m**

24 h = **$8{,}64 \cdot 10^4$ s**

4.

$2{,}5 \cdot 10^6$ kg < 25.000 t

$1{,}25 \cdot 10^3$ t = 1250 t

45 µm < 0,45 mm

500 nm = 0,5 µm

$3{,}2 \cdot 10^{-9}$ m > 0,32 nm

5.

Nach der Größe, mit der kleinsten beginnend, geordnet:

$4 \cdot 10^{-9}$ m < $3 \cdot 10^{-8}$ m = 30 nm < 0,3 µm < 25 µm = 0,025 mm < $2{,}5 \cdot 10^{-4}$ m < $7{,}5 \cdot 10^{-4}$ m < 3 mm < 0,0031 m < 50 dm < 5,1 m < 0,050 km < 500 m < 750 m < $7{,}5 \cdot 10^3$ m

6.

Die Dichte von Luft beträgt bei 20 °C in Meeresspiegelhöhe:

$0{,}0012041 \frac{g}{cm^3}$

KOHL VERLAG Physik-Basics-Trainer Band 1: MECHANIK – Bestell-Nr. 13 050

2. Bewegung und Bewegungsgrössen	ab Klasse 7
2.1 Die geradlinig gleichförmige Bewegung	

Bei einer geradlinig gleichförmigen Bewegung werden in gleichen Zeiten gleiche Wege zurückgelegt, was bedeutet, dass der in der Zeit t zurückgelegte Weg s proportional zu der Zeit t ist.

Es gilt: $s \sim t$. Der Proportionalitätsfaktor $v = \frac{s}{t}$ entspricht der <u>Geschwindigkeit</u>.

Die Einheit der Geschwindigkeit ist $1\,\frac{m}{s}$.

<u>Aufgabe 1</u>: *Welche der folgenden Bewegungen sind gleichförmig?*

Ⓐ ICE beim Anfahren
Ⓑ Rolltreppe
Ⓒ Förderband

<u>Aufgabe 2</u>: *Gib drei Gleichungen mit den Größen v, s und t an.*

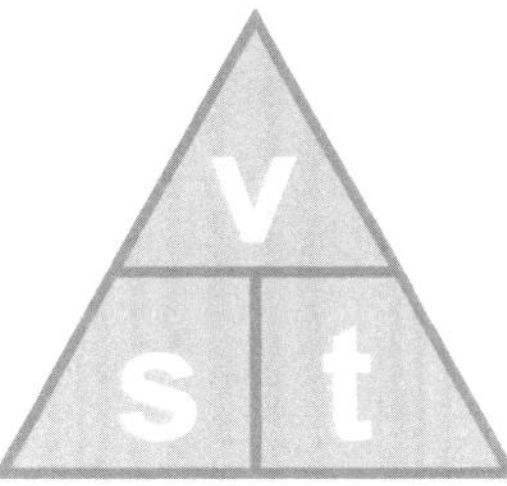

<u>Aufgabe 3</u>: *Welche der folgenden Ausdrücke sind Einheiten der Geschwindigkeit?*

Ⓐ $\frac{km}{h}$ Ⓑ $\frac{m}{s}$ Ⓒ $\frac{m}{s^2}$

<u>Aufgabe 4</u>: *Rechne die Einheit $1\frac{m}{s}$ um:*

$1\frac{m}{s} =$ ________ $\frac{km}{h}$

<u>Aufgabe 5</u>: *Bei einem Experiment legt ein sich gleichförmig bewegender Körper in 2 s einen Weg von 120 cm zurück. Welchen Weg schafft er bei konstantem Tempo in 5 s?*

<u>Aufgabe 6</u>: *Welche Graphen zeigen das s-t-Diagramm einer geradlinig gleichförmigen Bewegung?*

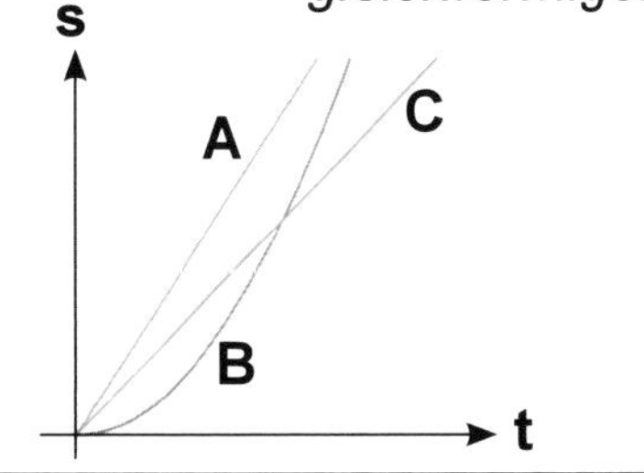

Ⓐ
Ⓑ
Ⓒ

<u>Aufgabe 7</u>: *Ein PKW durchfährt eine Messstrecke von 50 m Länge in 1,5 s.*

a) *Berechne die Geschwindigkeit des PKW in $\frac{m}{s}$.*

b) *Hat der PKW auf dieser Strecke die zulässige Höchstgeschwindigkeit von 100 km/h überschritten? Begründe deine Antwort durch Rechnung.*

Physik-Basics-Trainer Band 1: MECHANIK – Bestell-Nr. 13 050
KOHL VERLAG

2. Bewegung und Bewegungsgrößen

2.1 Die geradlinig gleichförmige Bewegung

ab Klasse 7

Bei einer geradlinig gleichförmigen Bewegung werden in gleichen Zeiten gleiche Wege zurückgelegt, was bedeutet, dass der in der Zeit t zurückgelegte Weg s proportional zu der Zeit t ist.

Es gilt: $s \sim t$. Der Proportionalitätsfaktor $v = \frac{s}{t}$ entspricht der Geschwindigkeit.

Die Einheit der Geschwindigkeit ist $1\ \frac{m}{s}$.

Aufgabe 1:

Gleichförmige Bewegungen bei:

(B) Rolltreppe

(C) Förderband

Aufgabe 2:

$v = \frac{s}{t} \qquad s = v \cdot t \qquad t = \frac{s}{v}$

Aufgabe 3:

Einheiten der Geschwindigkeit:

(A) $\frac{km}{h}$ und (B) $\frac{m}{s}$

Aufgabe 4:

$1\ \frac{m}{s} = \frac{\frac{1}{1000}\ km}{\frac{1}{3600}\ h} = \frac{3600\ km}{1000\ h} = 3{,}6\ \frac{km}{h}$

Aufgabe 5:

In 1 s legt der Körper einen Weg von 60 cm zurück; folglich legt er in 5 s einen Weg von 300 cm zurück.

Aufgabe 6:

Die Graphen (A) und (C) zeigen das s-t-Diagramm einer geradlinig gleichförmigen Bewegung.

Aufgabe 7:

a) $v = \frac{50\ m}{1{,}5\ s} \approx 33{,}33\ \frac{m}{s}$

b) $v = \frac{50\ m}{1{,}5\ s} = \frac{0{,}050\ km}{1{,}5 \cdot \frac{1}{3600}\ h} = 120\ \frac{km}{h}$ ➲

Folglich hat der PKW die zulässige Höchstgeschwindigkeit von $100\ \frac{km}{h}$ überschritten.

KOHL VERLAG Physik-Basics-Trainer Band 1: MECHANIK – Bestell-Nr. 13 050

2. Bewegung und Bewegungsgrößen

2.2 Die geradlinig beschleunigte Bewegung

ab Klasse 9

Bei einer geradlinig gleichmäßig beschleunigten Bewegung nimmt die Geschwindigkeit v proportional zur Zeit t zu bzw. ab, woraus folgt, dass der Weg s als quadratische Funktion der Zeit darstellbar ist.

Es gilt: $v \sim t$. Der Proportionalitätsfaktor $a = \frac{v}{t}$ entspricht der Beschleunigung.

Allgemein gilt: $a = \frac{v_2 - v_1}{t_2 - t_1} = \frac{\Delta v}{\Delta t}$

(v_1 zu Beginn des Beschleunigungsvorgangs zur Zeit t_1)

Die Einheit der Beschleunigung ist $1\ \frac{m}{s^2}$.

Weiterhin gilt: $s \sim t^2$ und $s = \frac{a}{2} \cdot t^2$

Aufgabe 1: *Bei einem Experiment wird ein Körper innerhalb von 2,4 s von 0 auf eine Geschwindigkeit von 12 m/s beschleunigt.Berechne die Beschleunigung.*

Aufgabe 5: *Bei einem Experiment wird ein Körper innerhalb von 2,4 s von 0 auf eine Geschwindigkeit von 12 m/s beschleunigt. Welchen Weg legt er in dieser Zeit zurück?*

Aufgabe 2: *Welche der folgenden Graphen passen zu einer geradlinig gleichmäßig beschleunigten Bewegung?*

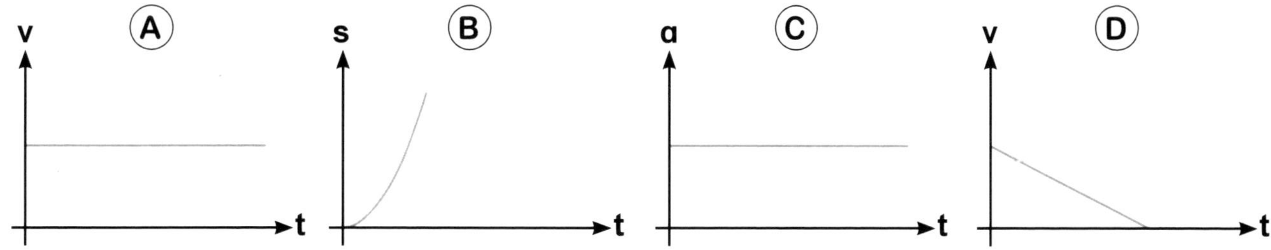

Aufgabe 3: *Stelle die Gleichung $a = \frac{v}{t}$*

a) *nach v um*

b) *nach t um*

Aufgabe 6: *Stelle die Gleichung nach t um:*

$$s = \frac{a}{2} \cdot t^2$$

Aufgabe 4:

Ein Auto steigert seine Geschwindigkeit gleichmäßig von v_1 = 120 km/h auf v_2 = 150 km/h. Wie groß ist die Beschleunigung, wenn die Geschwindigkeitserhöhung in der Zeit von 10 Sekunden erfolgt?

Aufgabe 7:

An der Haltelinie einer Kreuzung beschleunigt ein PKW bei „Grün“ mit konstanter Beschleunigung von 3 m/s². Nach welcher Zeit hat sich der PKW um 37,5 m von der Haltelinie fortbewegt?

KOHL VERLAG Physik-Basics-Trainer Band 1: MECHANIK – Bestell-Nr. 13 050

2. Bewegung und Bewegungsgrössen

2.2 Die geradlinig beschleunigte Bewegung

ab Klasse 9

Bei einer geradlinig gleichmäßig beschleunigten Bewegung nimmt die Geschwindigkeit v proportional zur Zeit t zu bzw. ab, woraus folgt, dass der Weg s als quadratische Funktion der Zeit darstellbar ist.

Es gilt: $v \sim t$. Der Proportionalitätsfaktor $a = \frac{v}{t}$ entspricht der Beschleunigung.

Allgemein gilt: $a = \frac{v_2 - v_1}{t_2 - t_1} = \frac{\Delta v}{\Delta t}$

(v_1 zu Beginn des Beschleunigungsvorgangs zur Zeit t_1)

Die Einheit der Beschleunigung ist $1\,\frac{m}{s^2}$.

Weiterhin gilt: $s \sim t^2$ und $s = \frac{a}{2} \cdot t^2$

Aufgabe 1:

$$a = \frac{12\ m/s}{2{,}4\ s} = 5\,\frac{m}{s^2}$$

Die Beschleunigung beträgt $5\,\frac{m}{s^2}$.

Aufgabe 5:

$a = 5\,\frac{m}{s^2}$ (siehe Aufgabe 1)

$$s = \frac{a}{2} \cdot t^2 = 2{,}5\,\frac{m}{s^2} \cdot (2{,}4\ s)^2 = 14{,}4\ m$$

Während der Beschleunigungszeit von 2,4 s legt der Körper einen Weg von 14,4 m zurück.

Aufgabe 2: Die Graphen B, C und D passen zu einer geradlinig gleichmäßig beschleunigten Bewegung.

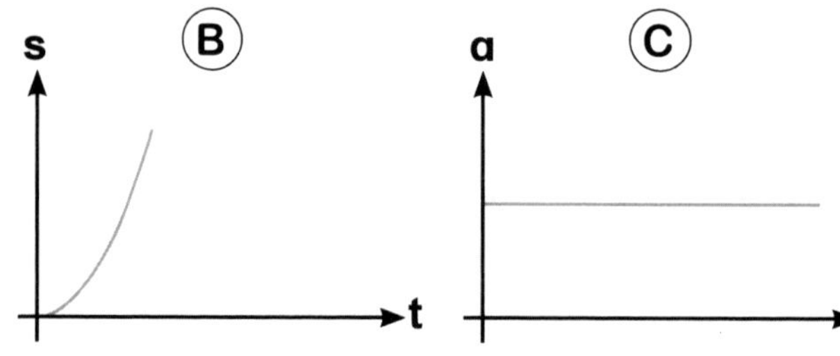

Aufgabe 3:

a) $v = a \cdot t$ b) $t = \frac{v}{a}$

Aufgabe 6:

$s = \frac{a}{2} \cdot t^2$ $t = \sqrt{\frac{2s}{a}}$

Aufgabe 4:

$$a = \frac{v_2 - v_1}{\Delta t} = \frac{150\,\frac{km}{h} - 120\,\frac{km}{h}}{10\ s} = \frac{30\,\frac{km}{h}}{10\ s}$$

$$= \frac{\frac{30}{3{,}6}\,\frac{m}{s}}{10\ s} \approx 0{,}83\,\frac{m}{s^2}$$

Die Beschleunigung beträgt etwa $0{,}83\,\frac{m}{s^2}$.

Aufgabe 7:

$$t = \sqrt{\frac{2s}{a}} = \sqrt{\frac{75\ m}{3\ m/s^2}} \quad t = \sqrt{25\ s^2} = 5\ s$$

Der PKW hat sich nach 5 s um 37,5 m von der Haltelinie fortbewegt.

Physik-Basics-Trainer Band 1: MECHANIK ▪ Bestell-Nr. 13 050
KOHL VERLAG

2. Bewegung und Bewegungsgrößen	ab Klasse 9
2.3 Der freie Fall	

Der freie Fall ist eine gleichmäßig beschleunigte Bewegung mit der konstanten Fallbeschleunigung $a = 9{,}81\frac{m}{s^2}$.
Zu Ehren von Galileo Galilei wird sie auch mit „g“ bezeichnet. Auf anderen Himmelskörpern nimmt die Fallbeschleunigung andere Werte an. Galilei zeigte, dass alle Körper unter bestimmten Bedingungen gleich schnell fallen.

Auf der Erde gilt folglich: $v = g \cdot t$ und $s = \frac{g}{s} \cdot t^2$

Aufgabe 1:
Fallen schwere Körper im Vakuum – also ohne Berücksichtigung des Luftwiderstandes – schneller als leichte?

Welcher Forscher kam zu einer falschen Behauptung?

(A) *Aristoteles* (B) *Galileo Galilei*

Aufgabe 2: *Welcher Forscher untersuchte die Gesetze des freien Falls erstmalig experimentell?*

(A) *Aristoteles*
(B) *Galileo Galilei*
(C) *Sir Isaac Newton*

Aufgabe 3: *Wodurch wird die Fallbeschleunigung verursacht?*

Aufgabe 4: *Beantworte die Fragen:*

a) *Welche Geschwindigkeit erreicht ein Körper nach 5 s Fallzeit bei Vernachlässigung der Luftreibung?*

b) *Welchen Weg legt er in dieser Zeit zurück?*

(Rechne mit $g \approx 10 \text{ m/s}^2$.)

Aufgabe 5:
Wie lange muss ein Körper frei fallen, um eine Geschwindigkeit von 108 km/h zu erreichen? (Rechne mit $g \approx 10 \text{ m/s}^2$.)

Aufgabe 6: *Warum kann man die Fallzeit eines Fallschirmspringers nicht einfach mit der Formel für den freien Fall berechnen?*

Aufgabe 7: *Nimmt die Fallbeschleunigung auf allen Planeten unseres Sonnensystems und auf dem Erdmond den gleichen Wert an?*

Aufgabe 8: *Mit welcher Geschwindigkeit schlägt eine Colaflasche, die versehentlich beim Kühlen von einem 20 m hohen Fensterbrett gefallen ist, auf der Straße auf?*
(Rechne mit $g \approx 10 \text{ m/s}^2$.)

Physik-Basics-Trainer – Bestell-Nr. 13 050
Band 1: MECHANIK
KOHL VERLAG

2. Bewegung und Bewegungsgrössen

2.3 Der freie Fall

ab Klasse 9

Der freie Fall ist eine gleichmäßig beschleunigte Bewegung mit der konstanten Fallbeschleunigung $a = 9{,}81 \frac{m}{s^2}$.
Zu Ehren von Galileo Galilei wird sie auch mit „g“ bezeichnet. Auf anderen Himmelskörpern nimmt die Fallbeschleunigung andere Werte an. Galilei zeigte, dass alle Körper unter bestimmten Bedingungen gleich schnell fallen.

Auf der Erde gilt folglich: $v = g \cdot t$ und $s = \frac{g}{s} \cdot t^2$

Aufgabe 1:

Schwere und leichte Körper fallen im Vakuum gleich schnell.
Richtig ist:

(A) Aristoteles kam zu einer falschen Behauptung.

Aufgabe 2:

Die Gesetze des freien Falls wurden erstmalig von

(B) Galileo Galilei

experimentell untersucht.

Aufgabe 3:

Die Fallbeschleunigung wird durch die Anziehungskraft der Erde verursacht.

Aufgabe 4:

a) $v = g \cdot t \approx 10 \frac{m}{s^2} \cdot 5\,s \approx 50 \frac{m}{s}$

Der Körper erreicht nach 5 s Fallzeit eine Geschwindigkeit von etwa $50 \frac{m}{s}$.

b) $s = \frac{g}{2} \cdot t^2 \approx 5 \frac{m}{s^2} \cdot (5\,s)^2 \approx 125\,m$

In 5 s legt der Körper einen Weg von etwa 125 m zurück.

Aufgabe 5:

$t = \frac{g}{s} \approx \frac{108\,km/h}{10\,m/s^2} \approx \frac{\frac{108}{3{,}6}\,m/s}{10\,m/s^2} \approx 3\,s$

Nach etwa 3 s Fallzeit erreicht der Körper eine Geschwindigkeit von 108 km/h.

Aufgabe 6:

Der geöffnete Fallschirm bremst die Fallbewegung, sodass sich die Fallzeit verlängert.

Aufgabe 7:

Die Fallbeschleunigung nimmt auf den Planeten unseres Sonnensystems und auf dem Erdmond unterschiedliche Werte an.

Aufgabe 8:

$s = \frac{g}{2} \cdot t^2 \Rightarrow t = \sqrt{\frac{2s}{g}} \quad t \approx \sqrt{\frac{2 \cdot 20\,m}{10\,m/s^2}} \approx 2\,s$

Einsetzen in $v = g \cdot t \Rightarrow v \approx 10 \frac{m}{s^2} \cdot 2\,s$

$v \approx 20 \frac{m}{s}$

Die Colaflasche schlägt mit einer Geschwindigkeit von etwa 20 m/s auf der Straße auf.

KOHL VERLAG
Physik-Basics-Trainer Band 1: MECHANIK ▪ Bestell-Nr. 13 050

2. Bewegung und Bewegungsgrössen

2.4 Diplom (Blatt 1)

ab Klasse 7

1. *Wie verhalten sich Weg und Zeitdauer bei einer geradlinig gleichförmigen Bewegung?*

7. *Ergänze die Tabelle für Weg und Zeit einer gleichförmigen Bewegung.*

Weg in m		50			
Zeit in min		2	3	4	5

2. *Welche der folgenden Graphen passen zu einer geradlinig gleichförmigen Bewegung? Achte auf die Benennung der Achsen.*

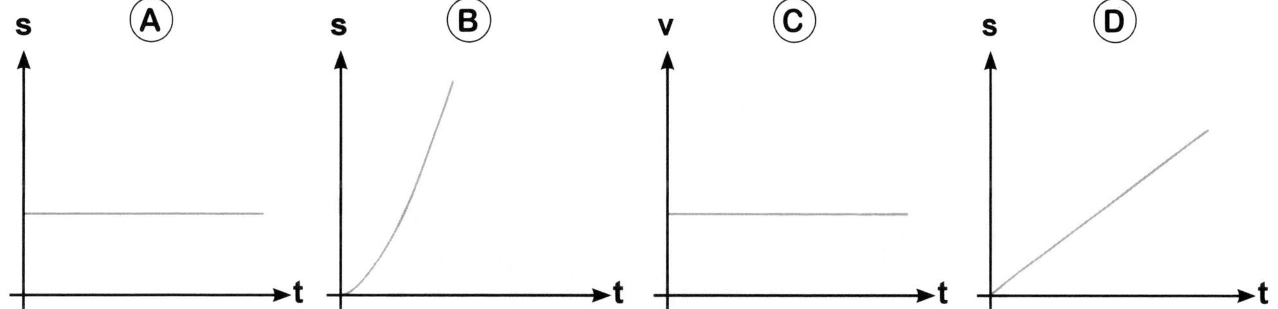

3. *Ein PKW legt auf einem geradlinigen Abschnitt der Autobahn in 15 Minuten 32 km zurück. Gib die Geschwindigkeit des PKW in km/h an.*

6. *Welchen Weg schafft ein Fußgänger bei einer mittleren Geschwindigkeit von 6 km/h in 25 Minuten?*

4. *Rechne um:*

$$1\,\frac{m}{s} = \_\_\_\_\_\_ \,\frac{km}{h}$$

7. *Stelle die Formel nach t um:*

$$v = \frac{s}{t}$$

5. *Ein Körper bewegt sich mit einer Geschwindigkeit von 108 km/h. Wieviel Meter legt er in einer Sekunde zurück?*

8. *Wie lange braucht ein ICE bei einer Geschwindigkeit von 250 km/h, um eine Strecke von 75 km zurückzulegen?*

9. *Der Schall breitet sich in Luft mit einer konstanten Geschwindigkeit von etwa 340 m/s geradlinig aus. (Die Schallgeschwindigkeit in der Luft ist von der Lufttemperatur und von der Luftfeuchtigkeit abhängig.)*
Welche Entfernung hat „ein Gewitter" vom Beobachter, wenn zwischen Wahrnehmung des Blitzes und Hören des Donners 5 Sekunden vergehen?

KOHL VERLAG Physik-Basics-Trainer Band 1: MECHANIK – Bestell-Nr. 13 050

2. Bewegung und Bewegungsgrössen

2.4 Diplom (Blatt 1)

ab Klasse 7

1.

Der Weg ist zur Zeitdauer proportional.

7.

Weg in m	25	50	75	100	125
Zeit in min	1	2	3	4	5

2. Zu einer geradlinig gleichförmigen Bewegung passen die Graphen C und D.

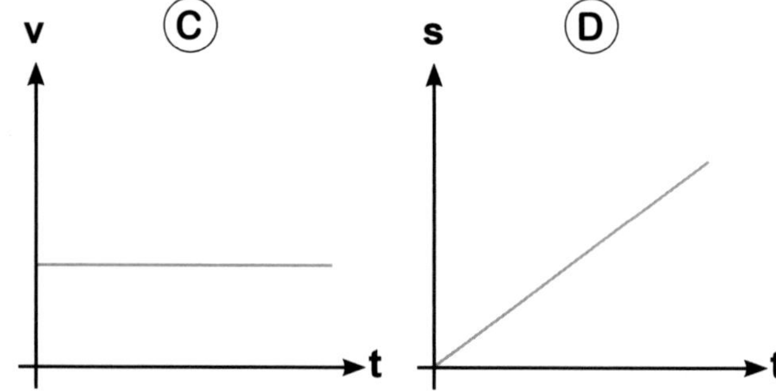

3.

$$v = \frac{s}{t} \Rightarrow v = \frac{32\text{ km}}{\frac{1}{4}\text{ h}} = 128\,\frac{\text{km}}{\text{h}}$$

Der PKW fährt auf dem Streckenabschnitt mit einer Geschwindigkeit von $128\,\frac{\text{km}}{\text{h}}$.

6.

$$\text{Aus } v = \frac{s}{t} \Rightarrow s = v \cdot t = 6\,\frac{\text{km}}{\text{h}} \cdot 25\text{ min}$$

$$s = 6\,\frac{\text{km}}{\text{h}} \cdot \frac{25}{60}\text{ h} = 2{,}5\text{ km}$$

Der Fußgänger schafft in 25 min 2,5 km.

4.

$$1\,\frac{\text{m}}{\text{s}} = \frac{\frac{1}{1000}\text{ km}}{\frac{1}{3600}\text{ h}} = \frac{3600\text{ km}}{1000\text{ h}} = 3{,}6\,\frac{\text{km}}{\text{h}}$$

7.

$$\text{Aus } v = \frac{s}{t} \Rightarrow s = v \cdot t \Rightarrow t = \frac{s}{v}$$

5.

$$v = 108\,\frac{\text{km}}{\text{h}} = 108\,\frac{1000\text{ m}}{3600\text{ s}} = \frac{108\text{ m}}{3{,}6\text{ s}} = 30\,\frac{\text{m}}{\text{s}}$$

Der Körper legt in einer Sekunde 30 Meter zurück.

8.

$$t = \frac{s}{v} \Rightarrow t = \frac{75\text{ km}}{250\text{ km/h}} = 0{,}3\text{ h} = 18\text{ min}$$

Der ICE legt die Strecke in 18 Minuten zurück.

9.

$$\text{Mit } s = v \cdot t \Rightarrow s = 340\,\frac{\text{m}}{\text{s}} \cdot 5\text{ s} = 1700\text{ m}$$

„Das Gewitter“ ist vom Beobachter 1,7 km entfernt.

KOHL VERLAG Physik-Basics-Trainer Band 1: MECHANIK • Bestell-Nr. 13 050

2. Bewegung und Bewegungsgrössen

2.4 Diplom (Blatt 2)

ab Klasse 10

1. *Beim Überholvorgang auf der Autobahn steigert ein PKW seine Geschwindigkeit innerhalb von 5 s von 120 km/h auf 156 km/h. Welche Beschleunigung ist dazu erforderlich?*

5. *Welche Zeit vergeht bis zum Aufschlag einer Stahlkugel, die von der 203 m hohen Aussichtsplattform des Berliner Fernsehturms fällt? (Rechne mit $g \approx 10 \frac{m}{s^2}$.)*

2. *Welche der folgenden Graphen passen zu einer geradlinig gleichmäßig beschleunigten Bewegung?*

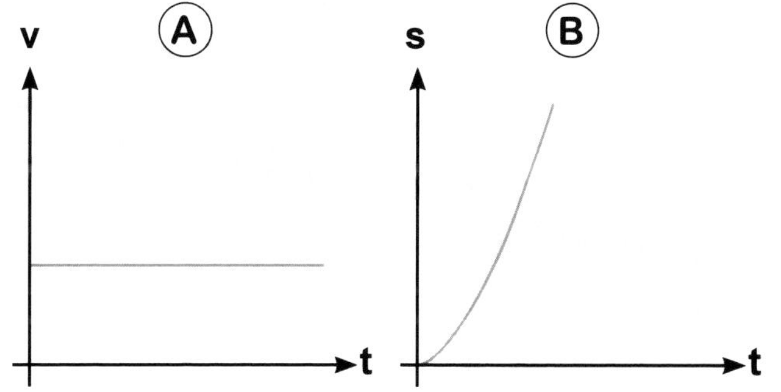

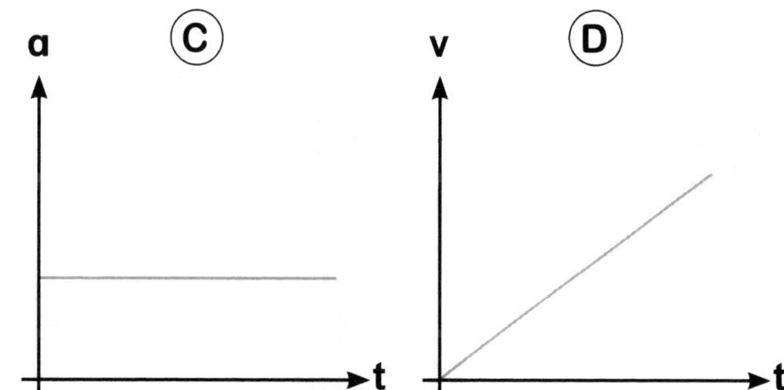

3. *An der Haltelinie einer Kreuzung beschleunigt ein PKW bei „Grün" mit konstanter Beschleunigung von 3 m/s². Nach welcher Zeit hat er eine Geschwindigkeit von 60 km/h erreicht?*

6. *Wie verändert sich beim freien Fall die Fallzeit, wenn sich die Fallhöhe verdoppelt?*

(A) *Die Fallzeit verdoppelt sich auch.*

(B) *Die Fallzeit wächst mit dem Faktor $\sqrt{2}$.*

4. *Die Fallbeschleunigung von zwei Stahlkugeln unterschiedlicher Massen wird experimentell untersucht. Ergänze in der Tabelle die fehlenden Werte, falls die Luftreibung unberücksichtigt bleibt. Rechne mit $g \approx 10$ m/s².*

Kugel A: m_A = 50 g

s in m	5		
t in s	1	2	3

Kugel B: m_B = 10 g

s in m	5	20	45
t in s			

7. *Die Fallbeschleunigung auf dem Mond beträgt etwa ⅙ der Fallbeschleunigung auf der Erde. Vergleiche die Fallzeiten t_M auf dem Mond und t_E auf der Erde, wenn man einen Körper auf dem Mond und auf der Erde aus gleicher Höhe fallen lässt.*

Physik-Basics-Trainer Band 1: MECHANIK – Bestell-Nr. 13 050

KOHL VERLAG

2. Bewegung und Bewegungsgrößen

2.4 Diplom (Blatt 2)

ab Klasse 10

1.

Mit $a = \frac{\Delta v}{\Delta t} = \frac{36\ \text{km/h}}{5\ \text{s}} = \frac{\frac{36}{3{,}6}\ \text{m/s}}{5\ \text{s}} = 2\ \frac{\text{m}}{\text{s}^2}$

Für den Überholvorgang ist eine Beschleunigung von $2\ \frac{\text{m}}{\text{s}^2}$ erforderlich.

5.

Aus $s = \frac{g}{2} \cdot t^2 \Rightarrow t = \sqrt{\frac{2\ s}{g}}$

$t \approx \sqrt{\frac{2 \cdot 203\ \text{m}}{10\ \text{m/s}^2}} \approx 6{,}4\ \text{s}$

Bis zum Aufprall vergehen etwa 6,4 s.

2. Die Graphen B, C und D passen zu einer geradlinig gleichmäßig beschleunigten Bewegung.

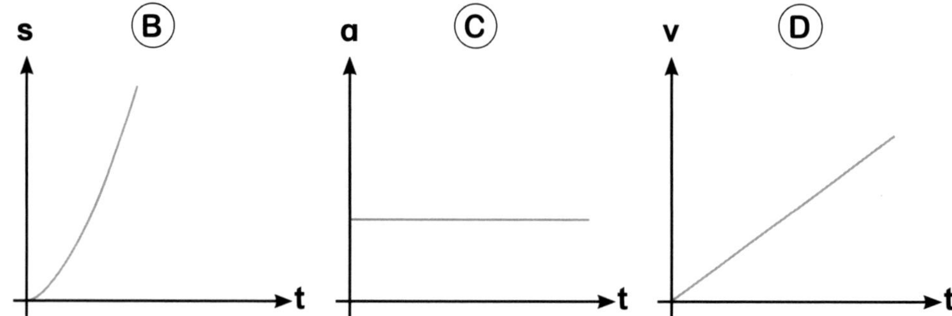

3.

Aus $v = a \cdot t \Rightarrow t = \frac{v}{a}$

$t = \frac{60\ \text{km/h}}{3\text{m/s}^2} = \frac{60\ \text{m/s}}{3{,}6 \cdot 3\text{m/s}^2} \approx 5{,}6\ \text{s}$

Der PKW hat nach etwa 5,6 s eine Geschwindigkeit von 60 km/h erreicht.

6. Zutreffend ist: Wenn sich die Fallhöhe verdoppelt, wächst

(B) die Fallzeit mit dem Faktor $\sqrt{2}$.

4.

Kugel A: $m_A = 50$ g

s in m	5	**20**	**45**
t in s	1	2	3

Kugel B: $m_B = 10$ g

s in m	5	20	45
t in s	**1**	**2**	**3**

7. Zutreffend ist

(C) $t_M > t_E$

Physik-Basics-Trainer
Band 1: MECHANIK – Bestell-Nr. 13 050
KOHL VERLAG

3. Kraft

ab Klasse 7

3.1 Eigenschaften von Kräften, Kraftwirkungen und Kraftmessung (Blatt 1)

Aufgabe 1: *Beantworte!*

a) *Kann man Kräfte sehen?*

(A) ja (B) nein

b) *Woran sind Kräfte erkennbar?*

Aufgabe 2: *Welche prinzipiellen Kraftwirkungen gibt es?*

Aufgabe 3: *Mit welchem Messgerät kann man Kräfte messen? Auf welcher Kraftwirkung beruht dessen Funktion?*

Aufgabe 4: *Wie heißt das Symbol für die physikalische Größe Kraft? In welcher Einheit werden Kräfte gemessen?*

Aufgabe 5: *Welche Masse wird von der Erde mit einer Kraft von etwa 1 N angezogen?*

(A) *etwa 10 g*

(B) *etwa 100 g*

(C) *etwa 1 kg*

Aufgabe 6: *Durch welche Merkmale wird die physikalische Größe Kraft beschrieben?*

Aufgabe 7: *Welcher Zusammenhang gilt zwischen Kraft F und Dehnung Δl einer elastischen Schraubenfeder?*

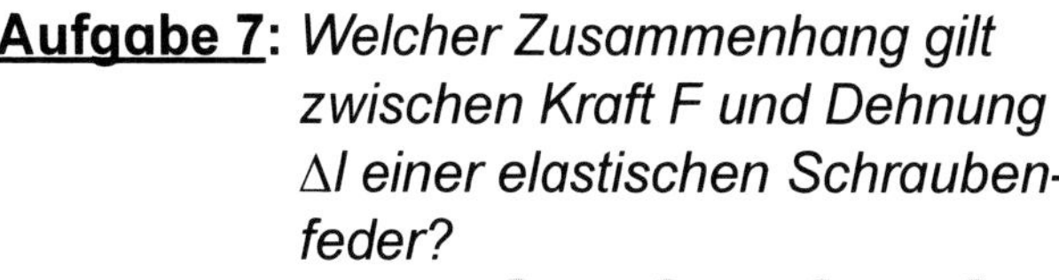

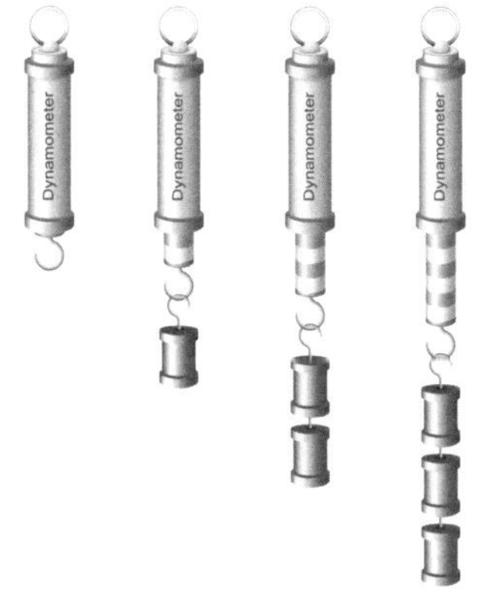

Aufgabe 8: *Eine elastische Schraubenfeder wird durch Anhängen eines Körpers, dessen Gewichtskraft 0,4 N beträgt, um 2 cm gedehnt. Welche Gewichtskraft hat ein Körper, welcher die Feder um 3 cm dehnt?*

Aufgabe 9: *Welche der abgebildeten Kräfte sind gleich?*

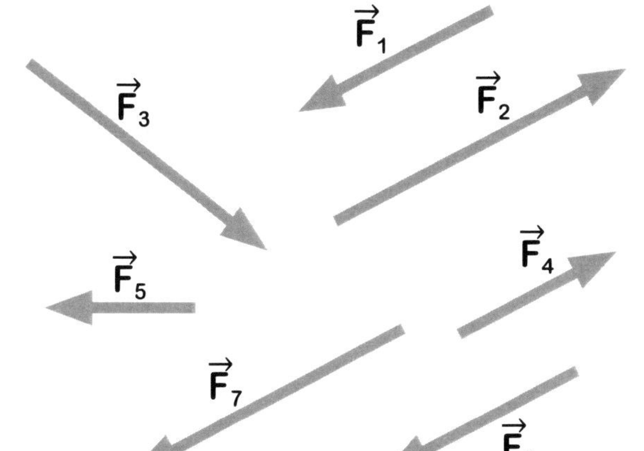

Aufgabe 10: *Welche Kraftwirkungen treten beim Boxen gegen einen Boxsack auf?*

Physik-Basics-Trainer Band 1: MECHANIK – Bestell-Nr. 13 050
KOHL VERLAG

3. KRAFT

ab Klasse 7

3.1 Eigenschaften von Kräften, Kraftwirkungen und Kraftmessung (Blatt 1)

Aufgabe 1:

a) zutreffend ist: (B) nein

b) Kräfte sind an ihren Wirkungen erkennbar.

Aufgabe 2:

Als prinzipielle Kraftwirkungen treten
- Verformung oder
- Änderung des Bewegungszustandes eines Körpers auf.

Aufgabe 3:

Kräfte kann man mit einem Federkraftmesser messen. Dessen Funktion beruht auf der Verformung einer elastischen Schraubenfeder.

Aufgabe 4:

Das Symbol für die physikalische Größe Kraft ist „F". Die Einheit ist „1 N" (Newton).

Aufgabe 5:

Zutreffend ist

(B) Ein Körper der Masse 100 g wird von der Erde mit einer Kraft von etwa 1 N angezogen.

Aufgabe 6:

Die physikalische Größe Kraft wird durch den Betrag und die Richtung beschrieben.

Aufgabe 7:

Dehnung Δl einer elastischen Schraubenfeder ist zur Kraft F proportional.

Aufgabe 8:

Lösungsvariante mit Dreisatz

Kraft in N	0,4	0,2	x = 0,6
Dehnung in cm	2	1	3

Ein Körper mit 0,6 N Gewichtskraft dehnt die Feder um 3 cm.

Aufgabe 9:

Die Kräfte $\vec{F}_1$ und $\vec{F}_6$ sind gleich.

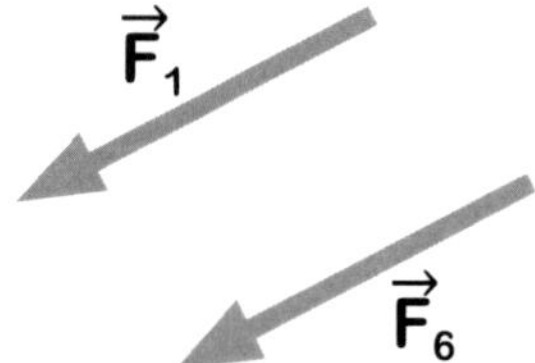

Aufgabe 10:

Der Boxsack wird durch Krafteinwirkung bewegt und verformt.

Physik-Basics-Trainer
Band 1: MECHANIK – Bestell-Nr. 12 050
KOHL VERLAG

3. Kraft

ab Klasse 10

3.1 Eigenschaften von Kräften, Kraftwirkungen und Kraftmessung (Blatt 2)

Aufgabe 1: *Welche physikalische Größe wurde früher in „PS" (Pferdestärke) gemessen?*

Aufgabe 2: *Welches Diagramm beschreibt den funktionalen Zusammenhang zwischen Kraft F und Dehnung Δl einer elastischen Schraubenfeder?*

(A) Diagramm: Δl über F

(B) Diagramm: Δl über F

(C) Diagramm: Δl über F

Aufgabe 3: *Wie nennt man Größen, die durch Betrag und Richtung gekennzeichnet sind?*

Aufgabe 5: *Welche der nachfolgenden Einheiten sind Einheiten der Kraft (auch veraltete Krafteinheiten)? Kreuze an („X").*

(A)	*Pascal*	(B)	*PS*
(C)	*Kilogramm*	(D)	*Pond*
(E)	*Volt*	(F)	*Kalorie*
(G)	*Ampere*	(H)	*Watt*
(I)	*Joule*	(J)	*Newton*
(K)	*bar*	(L)	*Kilopond*

Aufgabe 6: *Welchen Zusammenhang zwischen Kraft F und Dehnung Δl einer elastischen Schraubenfeder beschreibt das Hookesche Gesetz?*

Aufgabe 7: *Berechne die Dehnung Δl einer Schraubenfeder bei einer Krafteinwirkung von F = 3 N, wenn die Federkonstante D = 2,5 N/cm beträgt.*

Die Federkonstante D ist ein Proportionalitätsfaktor und es gilt:

$$D = \frac{F}{\Delta l}$$

Aufgabe 4: *Kräfte können Körper verformen oder ihren Bewegungszustand (Geschwindigkeit) ändern. Da die Geschwindigkeit eine vektorielle Größe ist, gibt es zwei Möglichkeiten der Geschwindigkeitsänderung. Nenne diese beiden Möglichkeiten und gib je ein Beispiel an.*

1. ______________ Beispiel: ______________

2. ______________ Beispiel: ______________

Physik-Basics-Trainer
Band 1: MECHANIK – Bestell-Nr. 13 050
KOHL VERLAG

3. Kraft

ab Klasse 10

3.1 Eigenschaften von Kräften, Kraftwirkungen und Kraftmessung (Blatt 2)

Aufgabe 1:

Früher wurde die Leistung in PS (Pferdestärke) gemessen.

Aufgabe 2:

Zutreffend ist:

(B) beschreibt den funktionalen Zusammenhang zwischen Kraft F und Dehnung Δl einer elastischen Schraubenfeder.

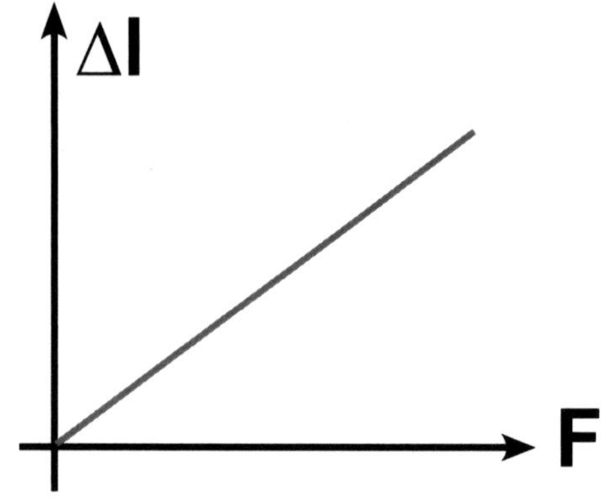

Aufgabe 3:

Größen, die durch Betrag und Richtung gekennzeichnet sind, heißen Vektoren.

Aufgabe 5:

Einheiten (auch veraltete) sind:

(D) Pond

(J) Newton

(L) Kilopond

Aufgabe 6:

Das Hookesche Gesetz besagt, dass die Dehnung Δl einer elastischen Schraubenfeder proportional zur dehnenden Kraft ist.

$F = D \cdot \Delta l$ bzw. $\Delta l = \frac{F}{D}$

Federkonstante D

Aufgabe 7:

Mit $\Delta l = \frac{F}{D}$ ➲ $\Delta l = \frac{3\ N}{2{,}5\ N/cm} = 1{,}2\ cm$

Die Schraubenfeder dehnt sich bei einer Krafteinwirkung von 3 N um 1,2 cm.

Aufgabe 4: Zwei Möglichkeiten der Geschwindigkeitsänderung:

1. Betrag des Geschwindigkeitsvektors — Beispiel: Beschleunigung bei einer geradlinigen Bewegung
2. Richtung des Geschwindigkeitsvektors — Beispiel: Kreisbewegung

KOHL VERLAG Physik-Basics-Trainer Band 1: MECHANIK ■ Bestell-Nr. 13 050

3. KRAFT

3.2 Die Newtonschen Bewegungsgesetze (Blatt 1)

ab Klasse 10

Aufgabe 1: *Welche Entdeckungen und Erfindungen machte der berühmte Forscher Sir Isaac Newton?*

(A) Die Erfindung der Glühlampe

(B) Die Dampfmaschine

(C) Die Grundgesetze der Mechanik

(D) Das Gravitationsgesetz

(E) Die elektromagnetische Induktion

Aufgabe 2: *Was besagt das Trägheitsgesetz (erstes Newtonsches Axiom)? Ergänze.*

„Ein Körper bleibt in Ruhe oder in

____

____

solange die Summe aller auf ihn einwirkenden Kräfte Null ist."

Aufgabe 3: *Warum bewegt sich eine einmal auf einer geradlinigen, ebenen Bahn mit der Geschwindigkeit v_0 in Bewegung versetzte Kugel nicht gleichförmig weiter?*

Aufgabe 4: *Was besagt das Wechselwirkungsgesetz? (Kurzfassung)*

Aufgabe 5: *Nenne ein Beispiel für die praktische Nutzung der Gegenkraft (reactio).*

Aufgabe 6: *Mit welchem Gesetz kann man begründen, dass sich Münchhausen nicht am eigenen Zopf aus dem Sumpf ziehen kann.*

Aufgabe 7: *Das zweite Newtonsche Gesetz wird auch als ...*

(A) „lex secunda",

(B) „Newtonsches Grundgesetz",

(C) „Reaktionsprinzip",

(D) „Aktionsprinzip"

... bezeichnet.

Beachte:
Es sind Mehrfachantworten möglich.

Aufgabe 8: *Was besagt das zweite Newtonsche Gesetz? Notiere eine Kurzfassung.*

Physik-Basics-Trainer
Band 1: MECHANIK – Bestell-Nr. 13 050
KOHL VERLAG

3. Kraft

3.2 Die Newtonschen Bewegungsgesetze (Blatt 1)

ab Klasse 10

Aufgabe 1:

Sir Isaac Newton machte folgende Entdeckungen:

(C) Die Grundgesetze der Mechanik

(D) Das Gravitationsgesetz

Aufgabe 2:

„Ein Körper bleibt in Ruhe oder in gleichförmiger geradliniger Bewegung, solange die Summe aller auf ihn einwirkenden Kräfte Null ist."

Aufgabe 3:

Die Reibungskraft wirkt der Bewegung entgegen.

Aufgabe 4:

Kraft (actio) gleich Gegenkraft (reactio).

Aufgabe 5:

Ein Sprinter stößt sich beim Tiefstart vom Startblock ab.

Aufgabe 6:

Das Wechselwirkungsgesetz (3. Newtonsche Gesetz) gibt die Begründung dafür, dass sich Münchhausen nicht am eigenen Zopf aus dem Sumpf ziehen kann, da actio und reactio an unterschiedlichen Körpern angreifen müssen.

Aufgabe 7:

Bezeichnungen für das zweite Newtonsche Gesetz sind auch:

(A) „lex secunda",

(B) „Newtonsches Grundgesetz",

(D) „Aktionsprinzip".

Aufgabe 8:

Kraft ist das Produkt aus Masse und Beschleunigung.

3. Kraft

3.2 Die Newtonschen Bewegungsgesetze (Blatt 2)

ab Klasse 10

Aufgabe 1: *Gib drei Gleichungen zum Newtonschen Grundgesetz an:*

F =

m =

a =

Aufgabe 4: *Wie ist die Krafteinheit „1 N" (ein Newton) definiert?*

Ⓐ 100 g

Ⓑ 1 kg

Ⓒ $1\ \text{kg} \cdot \frac{\text{m}}{\text{s}^2}$

Ⓓ $1\ \text{kg} \cdot \frac{\text{s}^2}{\text{m}}$

Ⓔ $1\ \text{kg} \cdot \frac{\text{m}}{\text{s}}$

Ⓕ $1\ \text{g} \cdot \frac{\text{m}}{\text{s}^2}$

Aufgabe 2: *Berechne die Kraft, die bei der Disziplin Kugelstoßen nötig ist, um eine Kugel der Masse von 4 kg mit 10 m/s² zu beschleunigen.*

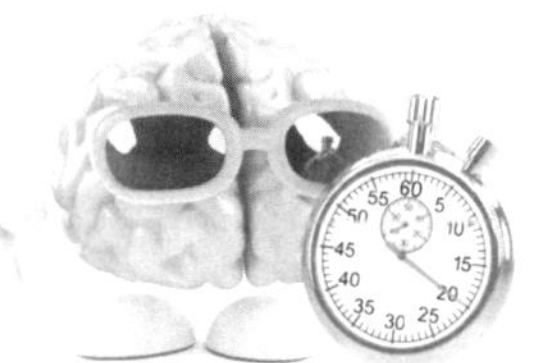

Aufgabe 5: *Mit welcher Kraft zieht die Erde einen Körper der Masse von 100 g an? Rechne mit einer mittleren Fallbeschleunigung von 9,81 m/s².*

Aufgabe 3: *Es sei bekannt: Die Kraft, die bei der Disziplin Kugelstoßen aufgebracht werden muss, um eine Kugel der Masse von 4 kg mit 10 m/s² zu beschleunigen, beträgt 40 N. Welche Beschleunigung lässt sich bei gleicher Kraft bei einer Kugel von 2 kg Masse erzielen?*

Aufgabe 6: *Welche Masse wird auf der Erde mit einer Schwerkraft von exakt 1 N angezogen?*

Ⓐ 100 g

Ⓑ ≈ 102 g

Ⓒ ≈ 98 g

Physik-Basics-Trainer – Bestell-Nr. 13 050
Band 1: MECHANIK
KOHL VERLAG

3. KRAFT

3.2 Die Newtonschen Bewegungsgesetze (Blatt 2)

ab Klasse 10

Aufgabe 1:

$$F = m \cdot a$$
$$m = \frac{F}{a}$$
$$a = \frac{F}{m}$$

Aufgabe 2:

Mit $F = m \cdot a$ ➲ $F = 4\ kg \cdot 10\ m/s^2$

$F = 40\ kg \cdot m/s^2$

Es ist eine Kraft von 40 N erforderlich.

Aufgabe 3:

Wegen $a \sim \frac{1}{m}$ (siehe Aufgabe 1) ➲

Bei halber Masse der Kugel lässt sich die doppelte Beschleunigung der Kugel – nämlich 20 m/s² – erzielen.

Aufgabe 4:

Zutreffend für die Definition der Krafteinheit „1 N“ (ein Newton) ist

(C) $1\ kg \cdot \frac{m}{s^2}$

Aufgabe 5:

Mit $F = m \cdot a$ ➲ $F = 100\ g \cdot 9{,}81\ m/s^2$

$F = 0{,}1\ kg \cdot 9{,}81\ m/s^2 = 0{,}981\ kg \cdot m/s^2$

Die Erde zieht den Körper mit einer Kraft von 0,981 N an.

Aufgabe 6:

Die Masse von etwa

(B) ≈ 102 g

wird auf der Erde mit einer Schwerkraft von exakt 1 N angezogen.

3. KRAFT

3.3 Die Gravitationskraft (Blatt 1)

ab Klasse 10

Das Gravitationsgesetz

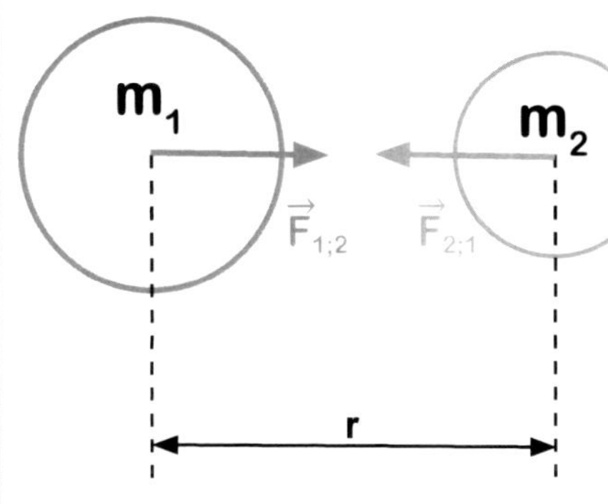

Legende:

m_1, m_2	Körpermassen
r	Abstand der Körper von ihren Massenmittelpunkten ausgehend gemessen
γ	Gravitationskonstante

$$|\vec{F}_{1;2}| = |\vec{F}_{2;1}| = \gamma \cdot \frac{m_1 \cdot m_2}{r^2}, \quad \gamma = 6{,}673 \cdot 10^{-11} \frac{m^3}{kg \cdot s^2}$$

Aufgabe 1: *Ergänze folgende Aussagen zu den funktionalen Zusammenhängen der Größen des Gravitationsgesetzes.*

Bei gleichem Abstand der Körper ist die Gravitationskraft ________________ zum Produkt ihrer Körpermassen.

Bei konstanten Körpermassen verhält sich die Gravitationskraft ________________ zum Quadrat des Abstandes der Körper.

Mit zunehmender Entfernung der Körper ________________ sich die Gravitationskraft.

Die Gravitationskonstante ist ein ________________________ und an allen Orten des Universums ____________.

Aufgabe 2: *Welche Aussage über die Kräfte bei der Massenanziehung der Körper A und B mit den Massen m_A und m_B, $m_A > m_B$ ist zutreffend?*

(A) *Körper A zieht Körper B mit der gleichen Kraft an wie Körper B den Körper A.*

(B) *Körper A zieht den Körper B mit einer größeren Kraft an als Körper B den Körper A, da Körper A eine größere Masse hat.*

Aufgabe 4: *Welche Gravitationskraft übt die Erde ($m_E = 5{,}9722 \cdot 10^{24}$ kg) auf einen Apfel ($m_A = 100$ g) aus?*

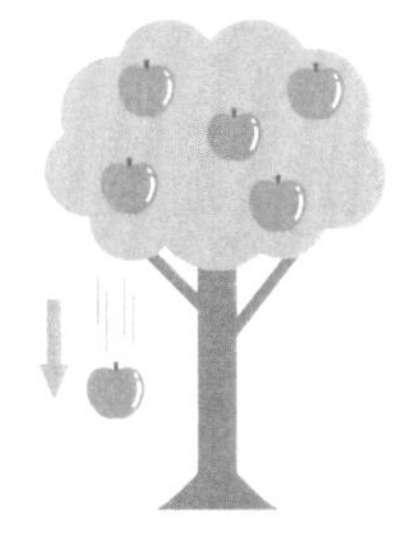

Aufgabe 3: *Wie verändert sich die Gravitationskraft, wenn sich der Abstand der konstanten Massen verdoppelt?*

Aufgabe 5: *Welche Gravitationskraft übt ein Apfel der Masse von 100 g auf die Erde aus?*

Physik-Basics-Trainer Band 1: MECHANIK – Bestell-Nr. 13 050
KOHL VERLAG

3. Kraft

3.3 Die Gravitationskraft (Blatt 1)

ab Klasse 10

Das Gravitationsgesetz

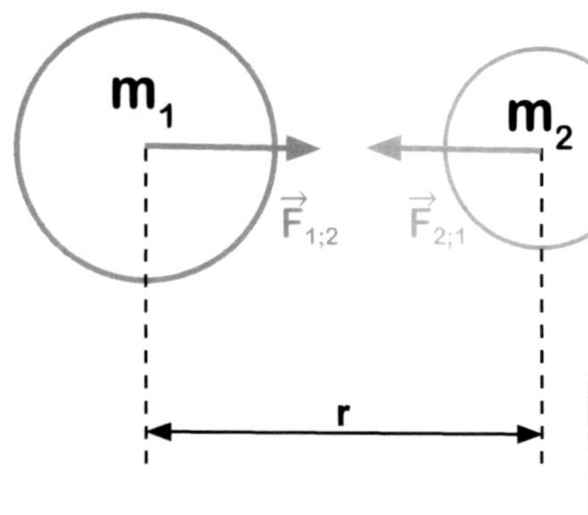

Legende:

m_1, m_2	Körpermassen
r	Abstand der Körper von ihren Massenmittelpunkten ausgehend gemessen
γ	Gravitationskonstante

$$|\vec{F}_{1;2}| = |\vec{F}_{2;1}| = \gamma \cdot \frac{m_1 \cdot m_2}{r^2}, \quad \gamma = 6{,}673 \cdot 10^{-11} \frac{m^3}{kg \cdot s^2}$$

Aufgabe 1:

Bei gleichem Abstand der Körper ist die Gravitationskraft proportional zum Produkt ihrer Körpermassen.

Bei konstanten Körpermassen verhält sich die Gravitationskraft umgekehrt proportional zum Quadrat des Abstandes der Körper.

Mit zunehmender Entfernung der Körper verringert sich die Gravitationskraft.

Die Gravitationskonstante ist ein Proportionalitätsfaktor und an allen Orten des Universums konstant.

Aufgabe 2:

Zutreffend ist:

(A) Körper A zieht Körper B mit der gleichen Kraft an wie Körper B den Körper A.

Aufgabe 4:

$$F = \gamma \cdot \frac{m_E \cdot m_A}{r^2}$$

$$F = 6{,}673 \cdot 10^{-11} \frac{m^3}{kg \cdot s^2} \cdot \frac{5{,}9722 \cdot 10^{24}\ kg \cdot 0{,}1\ kg}{(6{,}378 \cdot 10^6\ m)^2}$$

$$F \approx 0{,}98\ N$$

Die Erde zieht einen Apfel der Masse 100 g mit einer Kraft von etwa 0,98 N an.

Aufgabe 3:

Wenn sich der Abstand der konstanten Massen verdoppelt, verringert sich die Gravitationskraft auf ein Viertel.

Aufgabe 5:

Ein Apfel der Masse 100 g übt auf die Erde ebenfalls eine Kraft von 0,98 N aus.

Physik-Basics-Trainer Band 1: MECHANIK – Bestell-Nr. 13 050 KOHL VERLAG

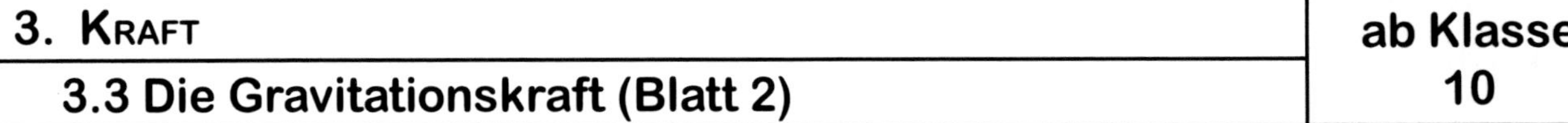

3. KRAFT

3.3 Die Gravitationskraft (Blatt 2)

ab Klasse 10

Aufgabe 1: *Welcher Graph zeigt den funktionalen Zusammenhang zwischen Gravitationskraft F und dem Abstand r der Massen m_1 und m_2?*

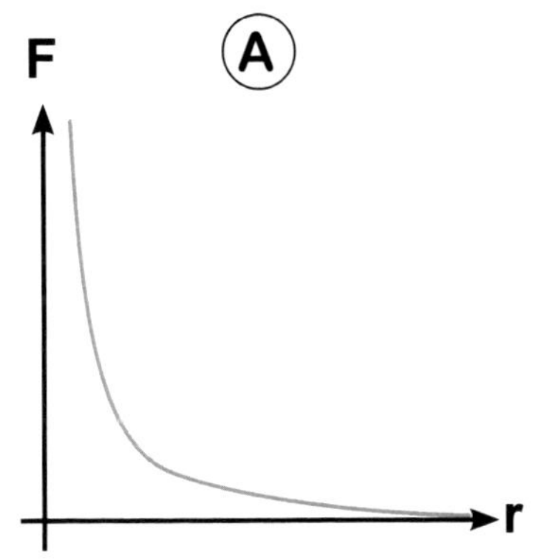

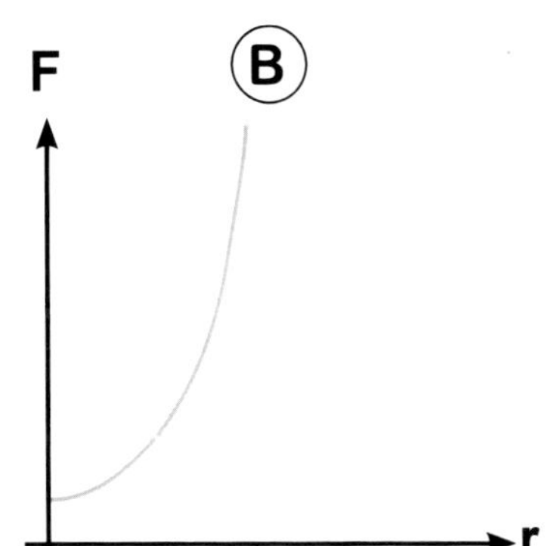

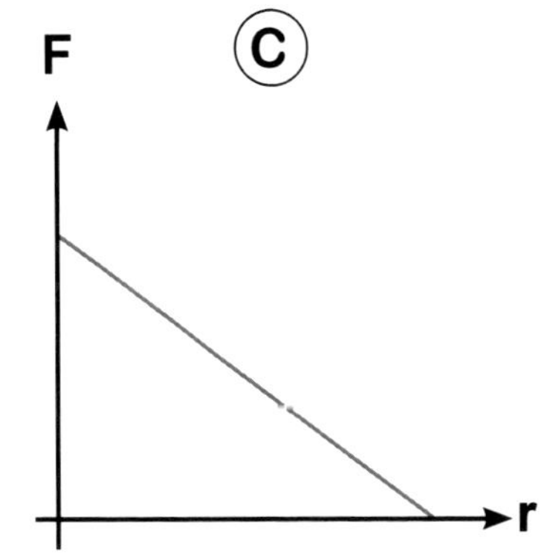

Aufgabe 2: *Ein Körper der Masse 20 kg zieht einen anderen Körper der Masse 1 kg bei einem Abstand von 1 m mit einer Gravitationskraft von etwa $1{,}33 \cdot 10^{-9}$ N an. Mit welcher Kraft zieht ein Körper der Masse 20 kg dann einen anderen Körper der Masse 5 kg bei gleichem Abstand an?*

Aufgabe 3: *Zwei Supertanker mit je 320.000 Tonnen Masse, deren Schwerpunkte sich im Abstand von 200 m befinden, üben eine Gravitationskraft von etwa 170 N aufeinander aus. Mit welcher Kraft ziehen sich die Tanker gegenseitig an, wenn ihre Schwerpunkte einen Abstand von 100 m haben? (Tipp: Du kannst ausführlich rechnen oder ohne großen Rechenaufwand durch eine funktionale Betrachtung zum Ergebnis kommen.)*

Aufgabe 4: **Für Experten**

Berechne die Gravitationskraft zwischen Erde und Sonne.

Masse der Erde $5{,}9722 \cdot 10^{24}$ kg
Masse der Sonne $1{,}9884 \cdot 10^{30}$ kg
Mittlerer Abstand $149{,}6 \cdot 10^{6}$ km

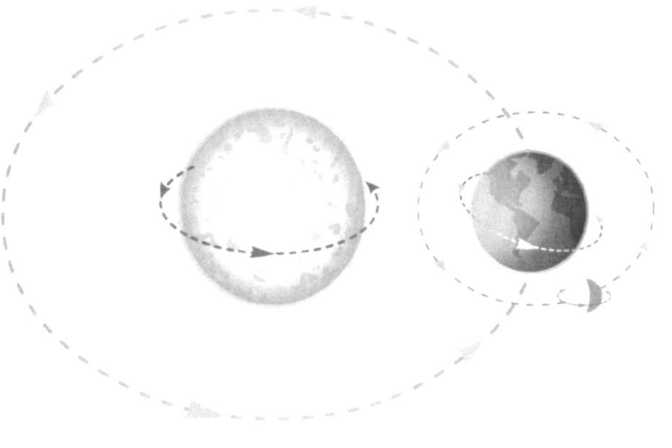

Aufgabe 5: *Warum fällt der Mond – verursacht durch die Gravitationskraft – nicht auf die Erde?*

Physik-Basics-Trainer Band 1: MECHANIK – Bestell-Nr. 13 050
KOHL VERLAG

3. Kraft

3.3 Die Gravitationskraft (Blatt 2)

ab Klasse 10

Aufgabe 1:

Graph A zeigt den funktionalen Zusammenhang zwischen Gravitationskraft F und dem Abstand r der Massen m_1 und m_2.

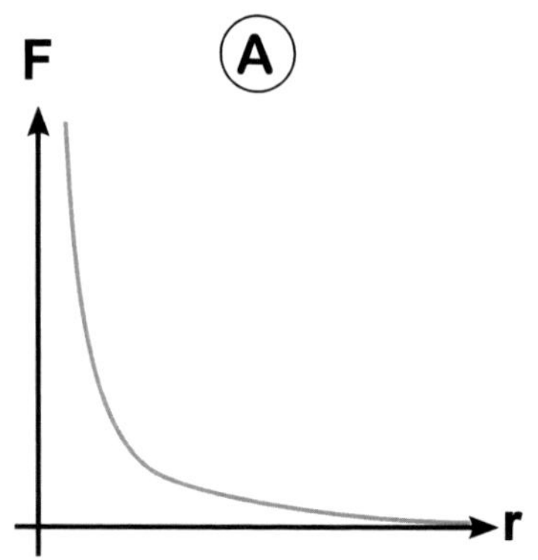

Aufgabe 2:

Ein Körper der Masse von 20 kg zieht einen anderen Körper der Masse 5 kg bei gleichem Abstand mit der Gravitationskraft von etwa $5 \cdot 1{,}33 \cdot 10^{-9}\ \text{N} = 6{,}65 \cdot 10^{-9}\ \text{N}$ an.

Aufgabe 3:

Wegen $F \sim \frac{1}{r^2}$ ➲ $F = 4 \cdot 170\ \text{N} = 680\ \text{N}$

Bei 100 m – also halbem – Abstand ihrer Schwerpunkte ziehen sich die Tanker mit der vierfachen Kraft – etwa 680 N – an.

Aufgabe 4: Für Experten

$$F = \gamma \cdot \frac{m_E \cdot m_S}{r^2} =$$

$$6{,}673 \cdot 10^{-11} \frac{\text{m}^3}{\text{kg} \cdot \text{s}^2} \cdot \frac{5{,}9722 \cdot 10^{24}\ \text{kg} \cdot 1{,}9884 \cdot 10^{30}\ \text{kg}}{(1{,}496 \cdot 10^{11}\ \text{m})^2}$$

$F \approx 3{,}54 \cdot 10^{22}\ \text{N}$

Die Gravitationskraft zwischen Erde und Sonne beträgt etwa $3{,}54 \cdot 10^{22}$ N.

Aufgabe 5:

Der Mond fällt nicht auf die Erde, weil die durch den Erdumlauf des Mondes auf einer Kreisbahn verursachte Fliehkraft der Gravitationskraft entgegenwirkt.

KOHL VERLAG Physik-Basics-Trainer Band 1: MECHANIK ▪ Bestell-Nr. 13 050

3. Kraft

3.4 Kräfte und Größen bei der gleichförmigen Kreisbewegung

ab Klasse 10

Die gleichförmige Kreisbewegung – in gleichen Zeiten werden gleiche Wege zurückgelegt – ist eine gleichmäßig beschleunigte Bewegung.

Die zum Kreismittelpunkt gerichtete Zentripetalkraft $\vec{F}_{ZP}$ zwingt den Körper auf die Kreisbahn und ändert somit ständig die Richtung der Bahngeschwindigkeit $\vec{v}$. Infolge der Trägheit wirkt auf den mitbewegten Beobachter die Zentrifugalkraft $\vec{F}_{ZF}$, (auch Fliehkraft) welche betragsmäßig gleich der Zentripetalkraft ist, aber zu dieser entgegengerichtet.

Für die Beträge von $\vec{v}$, $\vec{F}_{ZP}$, und $\vec{F}_{ZF}$ gilt:

$|\vec{v}| = \frac{2\pi r}{T}$ **(Bahnradius r, Umlaufzeit T) und**

$|\vec{F}_{ZP}| = F_{ZP} = |\vec{F}_{ZF}| = F_{ZF} = m \cdot \frac{v^?}{r}$ **(Bahngeschwindigkeit v, Masse m)**

Aufgabe 1: *Warum ist die gleichförmige Kreisbewegung eine beschleunigte Bewegung?*

(A) Der Weg wächst quadratisch mit der Zeit.

(B) Der Betrag der Bahngeschwindigkeit ändert sich.

(C) Die Richtung der Geschwindigkeit ändert sich.

Aufgabe 2: *Welche Kraft zwingt, einen sich mit der Geschwindigkeit $\vec{v}$ bewegenden Körper auf die Kreisbahn?*

Aufgabe 3: *Stelle die Formel nach T um:*

$v = \frac{2\pi r}{T}$

Aufgabe 4: *Zeiger einer Turmuhr:*

a) *Berechne die Länge des großen Zeigers einer Turmuhr, welcher sich mit einer Bahngeschwindigkeit von 0,0067 m/s bewegt.*

b) *Mit welcher Geschwindigkeit bewegt sich der kleine, 3 m lange Zeiger der Uhr?*

Aufgabe 5: *Mit welcher Geschwindigkeit bewegt sich ein Körper auf der Erdoberfläche am Äquator infolge der Erdrotation. Rechne mit einem Erdumfang von 40.075 km.*

Aufgabe 6: *Mit welcher Geschwindigkeit bewegt sich die Erde im mittleren Abstand von angenähert 150 Millionen km um die Sonne? Die Erdumlaufbahn soll vereinfacht kreisförmig angenommen werden.*

a) *Was vermutest du? Setze „X".*

(A) $\approx 30 \frac{m}{s}$ (B) $\approx 108.000 \frac{km}{h}$ (C) $\approx 30 \frac{km}{s}$

b) *Prüfe durch Rechnung nach.*

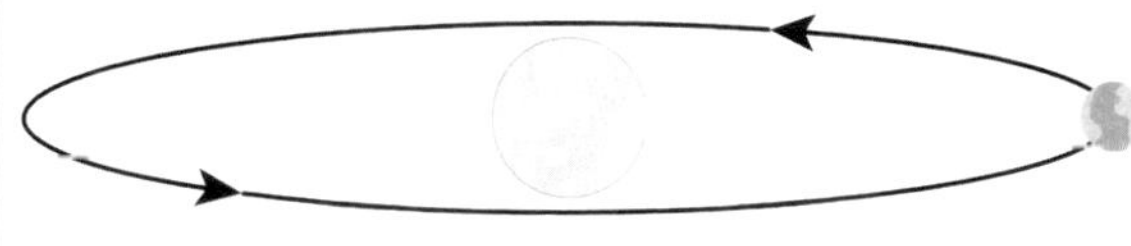

Aufgabe 7: *Wodurch wird die Zentripetalkraft, welche die Erde auf ihrer Bahn um die Sonne hält, aufgebracht?*

Physik-Basics-Trainer Band 1: MECHANIK – Bestell-Nr. 13 050

KOHL VERLAG

3. Kraft

3.4 Kräfte und Größen bei der gleichförmigen Kreisbewegung

ab Klasse 10

Die gleichförmige Kreisbewegung – in gleichen Zeiten werden gleiche Wege zurückgelegt – ist eine gleichmäßig beschleunigte Bewegung.

Die zum Kreismittelpunkt gerichtete Zentripetalkraft $\vec{F}_{ZP}$ zwingt den Körper auf die Kreisbahn und ändert somit ständig die Richtung der Bahngeschwindigkeit $\vec{v}$. Infolge der Trägheit wirkt auf den mitbewegten Beobachter die Zentrifugalkraft $\vec{F}_{ZF}$, (auch Fliehkraft) welche betragsmäßig gleich der Zentripetalkraft ist, aber zu dieser entgegengerichtet.

Für die Beträge von $\vec{v}$, $\vec{F}_{ZP}$, und $\vec{F}_{ZF}$ gilt:

$|\vec{v}| = \frac{2\pi r}{T}$ **(Bahnradius r, Umlaufzeit T) und**

$|\vec{F}_{ZP}| = F_{ZP} = |\vec{F}_{ZF}| = F_{ZF} = m \cdot \frac{v^2}{r}$ **(Bahngeschwindigkeit v, Masse m)**

Aufgabe 1:

Zutreffend ist:

(C) Die Richtung der Geschwindigkeit ändert sich.

Aufgabe 2:

Die Zentripetalkraft zwingt einen sich mit der Geschwindigkeit v bewegenden Körper auf die Kreisbahn.

Aufgabe 3:

aus $v = \frac{2\pi r}{T}$ ➲ $T = \frac{2\pi r}{v}$

Aufgabe 4: Zeiger einer Turmuhr:

a) Aus $v = \frac{2\pi r}{T}$ ➲ $r = \frac{v \cdot T}{2\pi}$

$r = \frac{0{,}0067\ \text{m/s} \cdot 1\ \text{h}}{2\pi} = \frac{0{,}0067\ \text{m/s} \cdot 3600\ \text{s}}{2\pi}$

$r \approx 3{,}84$ m

Der große Zeiger ist etwa 3,84 m lang.

b) Mit $v = \frac{2\pi r}{T}$ ➲ $v = \frac{2\pi \cdot 3\ \text{m}}{12\ \text{h}}$

$v \approx 1{,}57$ m/h

$v \approx 0{,}00157$ km/h

$v \approx 0{,}000436$ m/s

Der kleine Zeiger bewegt sich mit einer Geschwindigkeit von etwa 1,57 m/h.

Aufgabe 5:

$v = \frac{s}{t} = \frac{U}{T} = \frac{40.075\ \text{km}}{24\ \text{h}} \approx 1670$ km/h

$\approx 463{,}8$ m/s

Am Äquator bewegt sich ein Körper infolge der Erdrotation mit einer Geschwindigkeit von etwa 1670 km/h.

Aufgabe 6:

a) Zutreffend sind

(B) $v \approx 108.000\ \frac{\text{km}}{\text{h}}$

(C) $v \approx 30\ \frac{\text{km}}{\text{s}}$

b) $v = \frac{2\pi r}{T} \approx \frac{2\pi \cdot 1{,}5 \cdot 10^8\ \text{km}}{1\ \text{Jahr}} \approx \frac{2\pi \cdot 1{,}5 \cdot 10^8\ \text{km}}{365{,}25\ \text{Tage}}$

$v \approx \frac{2\pi \cdot 1{,}5 \cdot 10^8\ \text{km}}{365{,}25 \cdot 24 \cdot 60 \cdot 60\ \text{s}}$

$v \approx 30\ \frac{\text{km}}{\text{s}} \approx 108.000\ \frac{\text{km}}{\text{h}}$

Aufgabe 7:

Die Zentripetalkraft, welche die Erde auf ihrer Bahn um die Sonne hält, wird durch die Gravitationskraft zwischen Sonne und Erde aufgebracht.

3. Kraft

3.5 Diplom

ab Klasse 10

1. *Welcher der folgenden Ausdrücke ist gleichwertig mit der Krafteinheit 1 N (Newton)?*

(A) 100 g (D) $1\,\frac{kg \cdot m}{s}$

(B) 1 kg (E) $1\,\frac{kg \cdot m}{s^2}$

(C) 1 p (Pond) (F) 1 PS

2. *Ist Bewegung eines Körpers ohne Krafteinwirkung möglich?*

(A) Ja (B) Nein

3. *Was besagt das erste Newtonsche Axiom (Trägheitsgesetz)?*

4. *Nenne das zweite Newtonsche Axiom in Kurzfassung.*

5. *Mit welcher Schwerkraft zieht die Erde einen Betonklotz der Masse 1 Tonne an? Rechne mit einer mittleren Fallbeschleunigung von 9,81 m/s².*

6. *Welche Beschleunigung erzielt man bei einem Golfball der Masse 47 g durch einen Schlag mit der Kraft von 6 kN?*

7. *Ein Erfinder hat sich das folgende umweltfreundliche Fahrzeug ausgedacht: Die vierrädrige Karosserie ist frontal anstatt mit einem Motor mit einer Eisenplatte versehen. Mittels einer am Auto angebrachten stabilen Halterung bewegt sich ein starker Magnet mit dem Auto im festen Abstand zur Eisenplatte. Ist es möglich, die Anziehungskraft des Magneten als Antriebskraft zur Fortbewegung des Fahrzeugs zu nutzen?*

(A) Ja (B) Nein

**Für Könner: Begründe deine Antwort.*

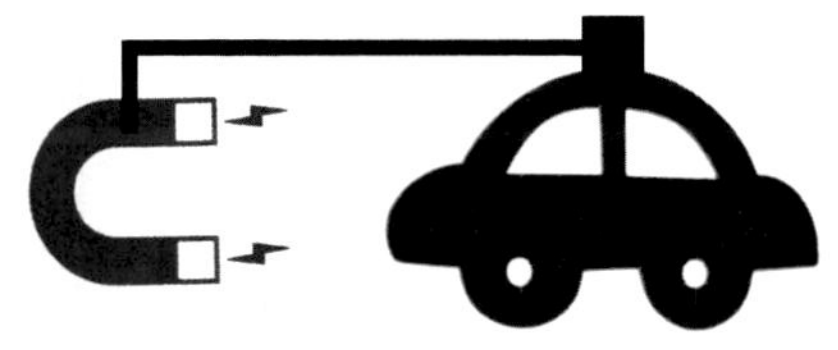

8. *Nenne das dritte Newtonsche Axiom (Wechselwirkungsgesetz) in Kurzfassung.*

9. *Mit welcher Geschwindigkeit bewegt sich der Mond im mittleren Abstand von etwa 384.400 km nahezu kreisförmig um die Erde? Seine Umlaufdauer um die Erde beträgt etwa 27,3217 Tage.*

10. *Berechne die Gravitationskraft, welche Erde und Mond wechselseitig aufeinander ausüben.*

Masse des Mondes $m_M = 7{,}346 \cdot 10^{22}$ kg

Masse der Erde $m_E = 5{,}9722 \cdot 10^{24}$ kg

mittlerer Abstand Erde-Mond 384.400 km

Physik-Basics-Trainer Band 1: MECHANIK – Bestell-Nr. 13 050

KOHL VERLAG

3. KRAFT

3.5 Diplom

ab Klasse 10

1. Für die Definition der Krafteinheit 1N (Newton) ist zutreffend:

(E) $1\ \frac{kg \cdot m}{s^2}$

2. Ist Bewegung eines Körpers ohne Krafteinwirkung möglich?

(A) Ja

3. Das erste Newtonsche Axiom besagt:

Ein Körper verharrt in Ruhe oder gleichförmiger geradliniger Bewegung, solange keine Kraft auf ihn einwirkt.

4. Das zweite Newtonsche Axiom besagt:

Kraft gleich Masse mal Beschleunigung

5. Mit $F = m \cdot a$ ➲ $F = 1\ t \cdot 9{,}81\ m/s^2$

$$F = 1000\ kg \cdot 9{,}81\ m/s^2$$
$$F = 9810\ N$$

Die Erde zieht den Betonklotz mit einer Schwerkraft von 9810 N an.

6. Mit $F = m \cdot a$ ➲

$a = \frac{F}{m} = \frac{6\ kN}{47\ g}$ ➲

$a = \frac{6000\ N}{0{,}047\ kg} = 127.659{,}574468\ \frac{m}{s^2}$

Beim Golfball erzielt man beim Schlag eine Beschleunigung von etwa $1{,}28 \cdot 10^5\ \frac{m}{s^2}$

7. Die zutreffende Antwort ist

(B) Nein

Begründung:
Es liegt das gleiche Modell wie bei *Münchhausen im Sumpf* vor. Kraft und Gegenkraft greifen am gleichen Körper (hier: Auto mit am Auto befestigten Magneten) an und heben sich somit auf.

8. Das dritte Newtonsche Axiom (Wechselwirkungsgesetz) besagt:

Kraft (actio) gleich Gegenkraft (reactio)

9. Mit $v = \frac{2\pi r}{T}$ ➲ $v = \frac{2\pi \cdot 384.400\ km}{27{,}3217\ d}$

$v = \frac{2\pi \cdot 384.400\ km}{27{,}3217 \cdot 24 \cdot 60 \cdot 60\ s}$ $v \approx 1{,}023\ \frac{km}{s}$

Der Mond umkreist mit einer Geschwindigkeit von etwa $1{,}023\ \frac{km}{s}$ die Erde.

10. Mit $F_{EM} = \gamma \cdot \frac{m_E \cdot m_M}{r^2}$

$= 6{,}673 \cdot 10^{-11} \frac{m^3}{kg \cdot s^2} \cdot \frac{5{,}9722 \cdot 10^{24}\ kg \cdot 7{,}346 \cdot 10^{22}\ kg}{(3{,}844 \cdot 10^8\ m)^2}$

$F_{EM} \approx 1{,}98125 \cdot 10^{20}\ N$

Erde und Mond üben eine Gravitationskraft von etwa $1{,}98125 \cdot 10^{20}\ N$ aufeinander aus.

4. Druck und Auftriebskraft

ab Klasse 8

4.1 Die Größe Druck und der Schweredruck in Flüssigkeiten und Gasen (Bl. 1)

Für die physikalische Größe Druck p gilt:

Druck $p = \frac{F}{A}$ (Druckkraft F, gedrückte Fläche A)

Einheiten: 1 Pa (Pascal), 1 Pa = $1\frac{N}{m^2}$, auch 1 bar = 100.000 Pa

Flüssigkeiten lassen sich nicht zusammendrücken.
Der von außen ausgeübte Druck breitet sich in Flüssigkeiten allseitig und gleichmäßig aus.

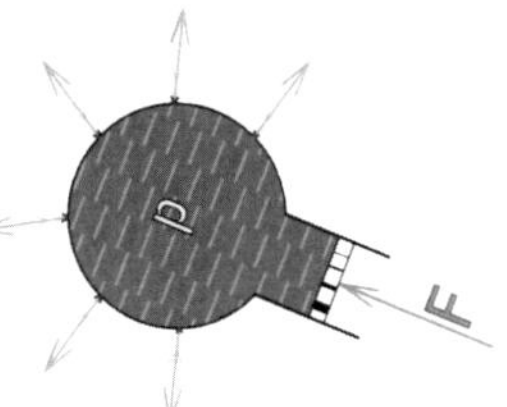

Aufgabe 1: *Welche der folgenden Ausdrücke sind Einheiten des Drucks – veraltete Einheiten eingeschlossen?*

(A) 1 bar (B) $1\frac{kg}{m^2}$ (C) $1\frac{N}{m^2}$

(D) 1 at (Atmosphäre)

(E) 1 Pa (Pascal)

(F) 1 Torr

Aufgabe 2: *Ergänze folgenden Satz:*
Der Druck wird bei konstanter Druckkraft umso größer, je ______________ die gedrückte Fläche ist.

Aufgabe 3: *Warum haben Panzer Ketten statt Räder?*

Aufgabe 4: *Ein Ei wird mit einer Kraft von 10 N auf die Nadelspitze eines Eipickers (A = 0,01 mm²) gedrückt. Welcher Druck wirkt auf die Eierschale?*

Aufgabe 5: *Ein PKW der Masse 1,6 t soll mit einer hydraulischen Hebebühne gehoben werden. Welche Kraft muss auf den kleinen Kolben ausgeübt werden, wenn der Hubkolben die hundertfache Fläche des Druckkolbens hat? (Rechne mit g ≈ 10 m/s².)*

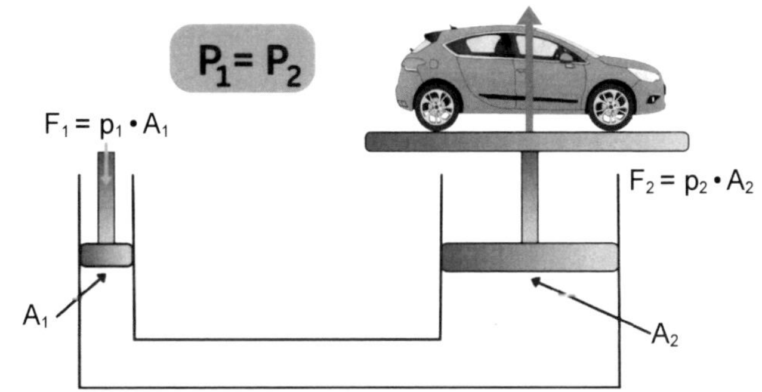

Aufgabe 6: *Der Druck in der Flüssigkeit einer hydraulischen Anlage beträgt 15 bar ($1{,}5 \cdot 10^6$ Pa).*

Welche Kraft übt die Flüssigkeit auf eine Fläche von 400 cm² aus?

Aufgabe 7: *Ein Holzquader hat folgende Abmessungen: a = 8 cm, b = 3 cm und c = 5 cm. Berechne den Auflagedruck dafür, dass der Quader auf jeder der drei verschiedenen Seitenflächen steht. Die Dichte von Holz sei $0{,}8\,\frac{g}{cm^3}$. (Rechne mit $g \approx 10\,\frac{m}{s^2}$.)*

Physik-Basics-Trainer Band 1: MECHANIK – Bestell-Nr. 13 050
KOHL VERLAG

4. DRUCK UND AUFTRIEBSKRAFT

ab Klasse 8

4.1 Die Größe Druck und der Schweredruck in Flüssigkeiten und Gasen (Bl. 1)

Aufgabe 1:

Einheiten des Drucks einschließlich veraltete Einheiten sind:

(A) 1 bar
(C) 1 $\frac{N}{m^2}$
(D) 1 at (Atmosphäre)
(E) 1 Pa (Pascal)
(F) 1 Torr

Aufgabe 2:

Der Druck wird bei konstanter Druckkraft umso größer, je kleiner die gedrückte Fläche ist.

Aufgabe 3:

Da Ketten eine größere Auflagefläche als Räder haben, wird bei gleicher Gewichtskraft der Auflagedruck kleiner. Folglich sinkt der schwere Panzer nicht so tief im Boden ein.

Aufgabe 4:

Mit $p = \frac{F}{A}$ ➲ $p = \frac{10\ N}{0{,}01\ mm^2} = \frac{10\ N}{10^{-8}\ m^2}$

$p = 10^9\ N/m^2 = 10^9\ Pa = 10^6\ kPa$

Die Nadelspitze des Eipickers übt einen Druck von 10^6 kPa auf die Eischale aus.

Aufgabe 5:

Aus $p_1 = p_2$ ➲ $\frac{F_1}{A_1} = \frac{F_2}{A_2}$

$m = 1{,}6\ t$ ➲ $F_G \approx 16.000\ N$

➲ $\frac{F_1}{A_1} = \frac{16.000\ N}{100 \cdot A_1}$ $| \cdot A_1$

$F_1 = \frac{16.000\ N}{100} = 160\ N$

Auf den kleinen Kolben muss eine Kraft von 160 N ausgeübt werden, um den PKW zu heben.

Aufgabe 6:

Aus $p = \frac{F}{A}$ ➲ $F = p \cdot A$

$F = 1{,}5 \cdot 10^6\ \frac{N}{m^2} \cdot 400\ cm^2$

$F = 1{,}5 \cdot 10^6\ \frac{N}{m^2} \cdot 0{,}04\ m^2$

$F = 60.000\ N$

Die Flüssigkeit übt eine Kraft von 60 kN auf die Fläche aus.

Aufgabe 7:

Volumen V des Quaders: $V = a \cdot b \cdot c = 8\ cm \cdot 3\ cm \cdot 5\ cm = 120\ cm^3$
Masse m des Holzquaders: $m = \rho \cdot V = 0{,}8\ g/cm^3 \cdot 120\ cm^3 = 96\ g$
Gewichtskraft des Holzquaders: $F_G = m \cdot g \approx 0{,}096\ kg \cdot 10\ m/s^2 \approx 0{,}96\ N$

Maße der Auflagefläche		Auflagefläche A	Auflagedruck
a = 8 cm	b = 3 cm	$A_1 = a \cdot b = 24\ cm^2$	$p_1 = \frac{F_G}{A_1} = \frac{0{,}96\ N}{0{,}0024\ m^2} \approx 400\ Pa$
a = 8 cm	c = 5 cm	$A_2 = a \cdot c = 40\ cm^2$	$p_2 = \frac{F_G}{A_2} = \frac{0{,}96\ N}{0{,}0040\ m^2} \approx 240\ Pa$
b = 3 cm	c = 5 cm	$A_3 = b \cdot c = 15\ cm^2$	$p_3 = \frac{F_G}{A_3} = \frac{0{,}96\ N}{0{,}0015\ m^2} \approx 640\ Pa$

Physik-Basics-Trainer Band 1: MECHANIK ■ Bestell-Nr. 12 050 KOHL VERLAG

KLASSE: ____________

DATUM: ____________

NAME: ____________

____. WOCHE

4. DRUCK UND AUFTRIEBSKRAFT

ab Klasse 8

4.1 Die Größe Druck und der Schweredruck in Flüssigkeiten und Gasen (Bl. 2)

Der Schweredruck p auf einen Körper in einer Flüssigkeit oder in einem Gas wird durch die Gewichtskraft der über dem Körper liegenden Flüssigkeit oder des Gases verursacht.

Es gilt: $p = \rho \cdot g \cdot h$, Einheit Pa oder bar

Der Schweredruck ist unabhängig von der Form und dem Querschnitt der Flüssigkeitssäule.

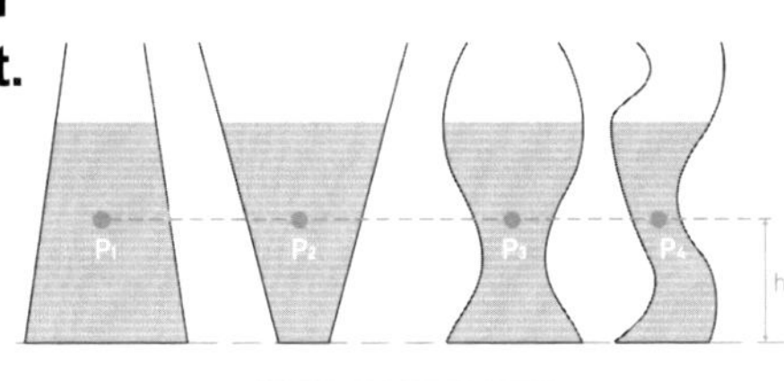

$P_1 = P_2 = P_3 = P_4$

Aufgabe 1: *Beschreibe das Experiment.*

Aufgabe 2: *Warum ist die Staumauer eines Stausees unten dicker ausgeführt als oben?*

Aufgabe 3: *Ergänze die Zwischenschritte bei der Herleitung der Formel für den Schweredruck. Nutze die Bausteine im Kasten. Du musst sie nur passend einordnen.*

$$p = \frac{F_G}{A} = \frac{\square}{A} = \frac{\square}{A} = \frac{\square}{A} = \rho \cdot g \cdot h$$

A

h

ρ • V • g, A kürzen, ρ • A • h • g, m • g

Aufgabe 4: *Berechne den Schweredruck in reinem Wasser (ρ = 1 g/cm³)*

a) *in 10 m Wassertiefe;*

b) *in 100 m Wassertiefe;*

(Rechne mit g ≈ 10 m/s².)

Aufgabe 5: *Berechne den Schweredruck im Meer in 100 m Wassertiefe. Die Dichte von Meerwasser beträgt im Mittel 1,025 g/cm³.*

(Rechne mit g ≈ 10 m/s².)

Aufgabe 6: *Wie hoch steigt die Quecksilbersäule bei normalem Luftdruck?*

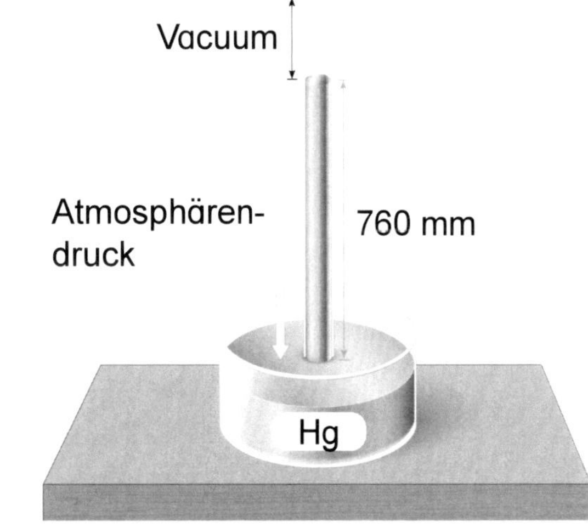

Physik-Basics-Trainer Band 1: MECHANIK – Bestell-Nr. 13 050
KOHL VERLAG

4. Druck und Auftriebskraft

ab Klasse 8

4.1 Die Größe Druck und der Schweredruck in Flüssigkeiten und Gasen (Bl. 2)

Der Schweredruck p auf einen Körper in einer Flüssigkeit oder in einem Gas wird durch die Gewichtskraft der über dem Körper liegenden Flüssigkeit oder des Gases verursacht.

Es gilt: $p = \rho \cdot g \cdot h$, Einheit Pa oder bar

Der Schweredruck ist unabhängig von der Form und dem Querschnitt der Flüssigkeitssäule.

Aufgabe 1:

In einer Flasche sind in verschiedenen Höhen Löcher eingestochen. Da der Schweredruck im Wasser der vollständig gefüllten Flasche „weiter unten" größer ist als „weiter oben", spritzt das Wasser aus der unteren Öffnung weiter als aus der weiter oben gelegenen.

Aufgabe 2:

Die Staumauer eines Stausees ist unten dicker ausgeführt als oben, weil die Staumauer dem mit zunehmender Tiefe wachsenden Schweredruck des Wassers standhalten muss.

Aufgabe 3:

$$p = \frac{F_G}{A} = \frac{m \cdot g}{A} = \frac{\rho \cdot V \cdot g}{A} = \frac{\rho \cdot A \cdot h \cdot g}{A} = \rho \cdot g \cdot h$$

Aufgabe 4:

Schweredruck in reinem Wasser ($\rho = 1\ g/cm^3$):

Mit $p = \rho \cdot g \cdot h$ ➲ $p = 1\ g/cm^3 \cdot 10\ m/s^2 \cdot h$

➲ $p = 1000\ kg/m^3 \cdot 10\ m/s^2 \cdot h$

a) in 10 m Wassertiefe:

$p = 1000\ kg/m^3 \cdot 10\ m/s^2 \cdot 10\ m$

$p = 100.000\ \frac{kg \cdot m/s^2}{m^2}$

$p = 100.000\ N/m^2 = 100.000\ Pa = 1\ bar$

b) in 100 m Wassertiefe:

$p = 1000\ kg/m^3 \cdot 10\ m/s^2 \cdot 100\ m$

$p = 1.000.000\ \frac{kg \cdot m/s^2}{m^2}$

$p = 1.000.000\ N/m^2 = 1.000.000\ Pa = 10\ bar$

Aufgabe 5:

($\rho = 1,025\ g/cm^3$) in 100 m Wassertiefe.

$p = 1025\ kg/m^3 \cdot 10\ m/s^2 \cdot 100\ m$

$p = 1.025.000\ N/m^2 = 1.025.000\ Pa$

$p = 10,25\ bar$

Aufgabe 6:

Die Quecksilbersäule steigt bei normalen Luftdruck 760 mm.

Physik-Basics-Trainer Band 1: MECHANIK ■ Bestell-Nr. 13 059 KOHL VERLAG

4. Druck und Auftriebskraft

4.2 Die Auftriebskraft

ab Klasse 8

Archimedisches Gesetz

Auf Körper, die ganz oder teilweise in eine Flüssigkeit oder in ein Gas eingetaucht sind, wirkt eine Auftriebskraft $\vec{F}_A$. Diese ist der Gewichtskraft $\vec{F}_G$ entgegengerichtet.
Der Betrag F_A der Auftriebskraft ist gleich dem Gewicht der verdrängten Flüssigkeit.

Es gilt: $F_A = \rho_M \cdot V_K \cdot g$,

- ρ_M **Dichte des Mediums**
- V_K **Volumen des im Medium eingetauchten Körperanteils**
- g **Erdbeschleunigung**

<u>Aufgabe 1</u>: *Welche Erkenntnis des Archimedes wird mit der folgenden Darstellung veranschaulicht?*

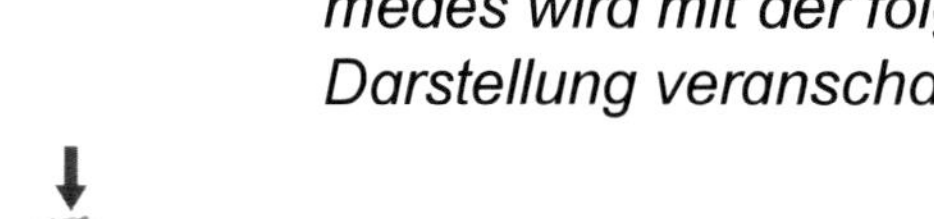

<u>Aufgabe 2</u>: *Beschreibe das Experiment, insbesondere die Anzeige der Kraft am Federkraftmesser.*

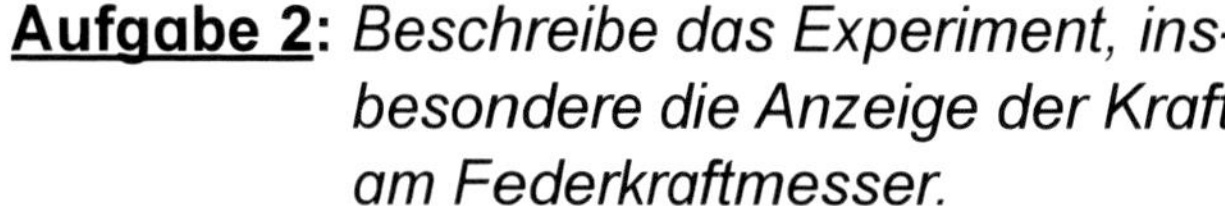

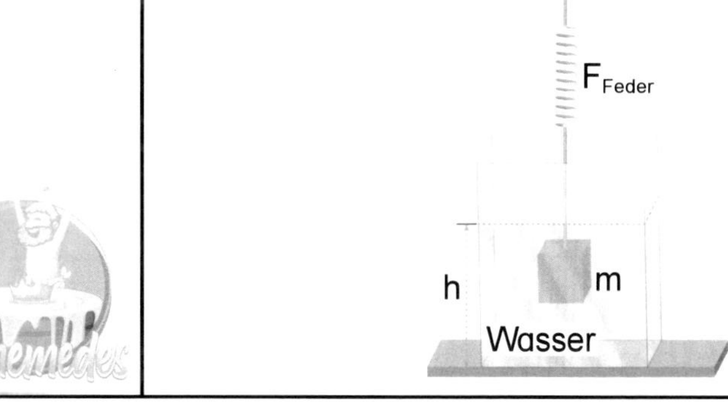

<u>Aufgabe 3</u>: *Beschreibe das Verhalten der Körper beim vollständigen Eintauchen in Wasser in Abhängigkeit von der Relation zwischen Gewichtskraft F_G und Auftriebskraft F_A.*

Sinken	**Schweben**	**Steigen**
F_A ... F_G	F_A ... F_G	F_A ... F_G

<u>Aufgabe 4</u>: *Wie weit steigt der Körper aus dem Wasser? Wie nennt man den Zustand nach Beendigung des Steigvorgangs?*

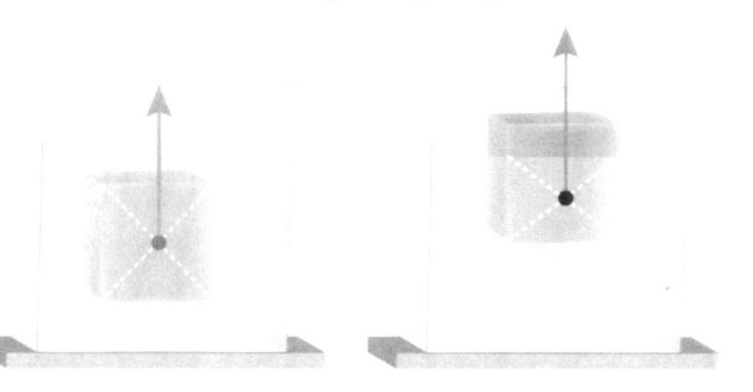

<u>Aufgabe 5</u>: *Welche Gewichtskraft hat ein Aluminiumwürfel der Kantenlänge 2 cm? (ρ_{AL} = 2,7 g/cm³) Berechne die Auftriebskraft auf den vollständig in Wasser eingetauchten Aluminiumwürfel. Wie verhält sich der Würfel?*

Physik-Basics-Trainer Band 1: MECHANIK – Bestell-Nr. 13 050
KOHL VERLAG

4. Druck und Auftriebskraft

4.2 Die Auftriebskraft

ab Klasse 8

Archimedisches Gesetz

Auf Körper, die ganz oder teilweise in eine Flüssigkeit oder in ein Gas eingetaucht sind, wirkt eine Auftriebskraft $\vec{F}_A$. Diese ist der Gewichtskraft $\vec{F}_G$ entgegengerichtet. Der Betrag F_A der Auftriebskraft ist gleich dem Gewicht der verdrängten Flüssigkeit.

Es gilt: $F_A = \rho_M \cdot V_K \cdot g$,

- **ρ_M Dichte des Mediums**
- **V_K Volumen des im Medium eingetauchten Körperanteils**
- **g Erdbeschleunigung**

Aufgabe 1:

Archimedes erkannte:

Das Volumen der von einem vollständig in Flüssigkeit eingetauchten Körper verdrängten Flüssigkeit ist gleich dem Volumen des Körpers.

Aufgabe 2:

Ein Körper hängt an einem Federkraftmesser, der die Gewichtskraft des Körpers anzeigt. Nach dem Eintauchen des an dem Federkraftmesser hängenden Körpers verringert sich der Ausschlag des Federkraftmessers; folglich wirkt der Gewichtskraft des Körpers in der Flüssigkeit eine Kraft entgegen.

Aufgabe 3: Verhalten der Körper beim vollständigen Eintauchen in Wasser:

Sinken	Schweben	Steigen
$F_A < F_G$	$F_A = F_G$	$F_A > F_G$

Aufgabe 4:

Der Körper steigt infolge der Auftriebskraft. Er taucht dabei soweit auf, bis der Betrag der Auftriebskraft und der Betrag der Gewichtskraft gleich groß sind, also $F_A = F_G$ gilt, denn der teilweise aus dem Wasser ragende – schwimmende – Körper verdrängt weniger Wasser, was die Auftriebskraft vermindert.

Aufgabe 5: Gewichtskraft:

$V = a^3 = (2\ cm)^3 = 8\ cm^3$

$m = \rho \cdot V = 2{,}7\ g/cm^3 \cdot 8\ cm^3 = 21{,}6\ g$

$F_G = m \cdot g \approx 0{,}0216\ kg \cdot 10\ m/s^2 \approx 0{,}216\ N$

Der Aluminiumwürfel hat eine Gewichtskraft von 0,216 N.

Auftriebskraft:

Mit $F_A = \rho_M \cdot V_K \cdot g$ ➲

$F_A = 1\ g/cm^3 \cdot 8\ cm^3 \cdot 10\ m/s^2$

$F_A = 0{,}008\ kg \cdot 10\ m/s^2 = 0{,}08\ N$

Auf den Würfel wirkt eine Auftriebskraft von 0,08 N. $F_A < F_G$, woraus folgt, dass der Aluminiumwürfel sinkt.

KOHL VERLAG Physik-Basics-Trainer Band 1: MECHANIK – Bestell-Nr. 12 050

KLASSE: ____________
DATUM: ____________
NAME: ____________

____. WOCHE

4. DRUCK UND AUFTRIEBSKRAFT

ab Klasse 8

4.3 Diplom (Blatt 1)

1. *Notiere drei Gleichungen zum Druck.*

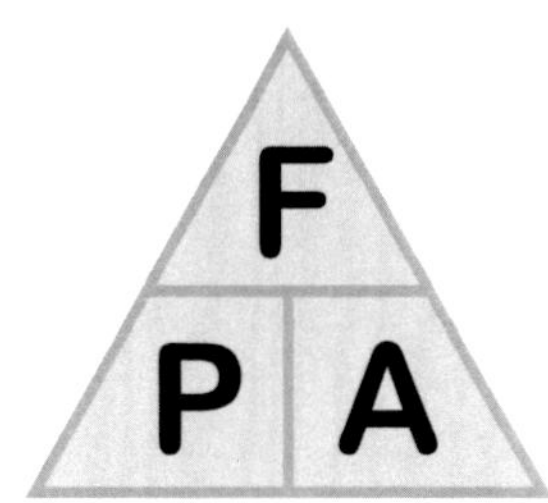

____

____

____

2. *Welche der folgenden Ausdrücke sind keine Einheiten des Drucks:*

- (A) bar
- (B) $\frac{kg}{m^2}$
- (C) $\frac{N}{m^2}$
- (D) Pa
- (E) $\frac{kg}{s^2 \cdot m}$
- (F) $N \cdot m^2$

3. *In welchem Fall ist der Auflagedruck größer?*

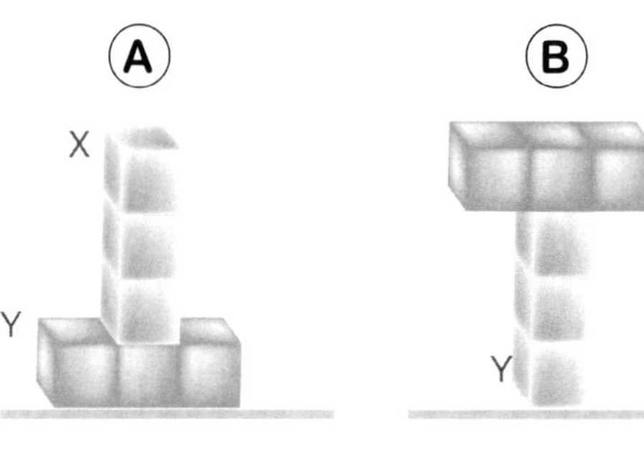

4. *Ein Mensch mit 70 kg Masse und angenommener Auflagefläche eines Schuhs von 200 cm² drückt mit 17,5 kPa auf den Boden. Berechne den Auflagedruck eines 5 t schweren Elefanten, wenn jede Fußsohle eine Querschnittsfläche von 0,2 m² hat. Was verblüfft beim Vergleich?*

5. *Welche Merkmale der Druckausbreitung in Flüssigkeiten zeigt das abgebildete Experiment?*

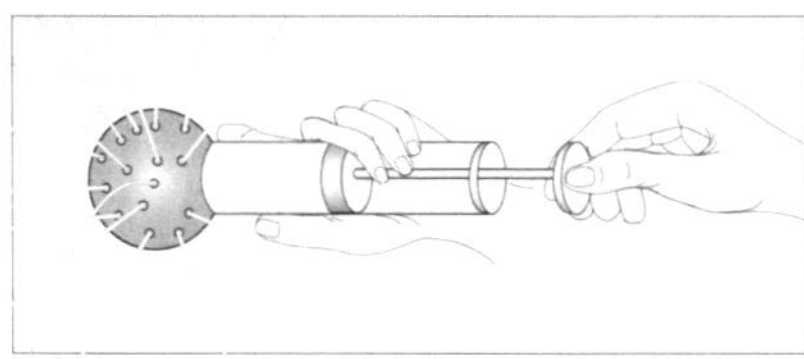

6. *Vergleiche den Druck an beiden Kolben der hydraulischen Anlage.*

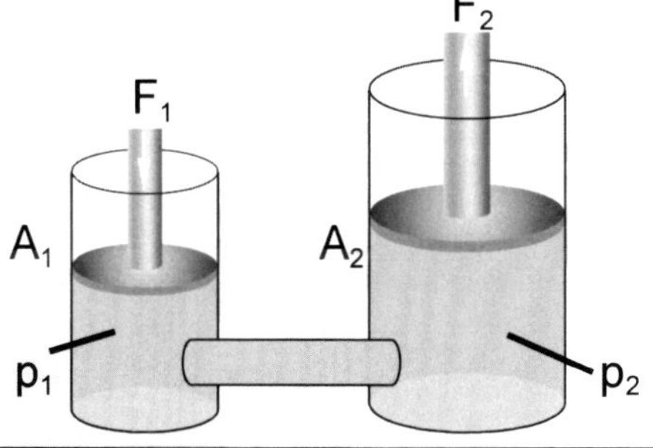

7. *Mit einer hydraulischen Anlage soll ein 1,4 t schweres Auto angehoben werden. Welche Kraft muss am kleinen Kolben (Druckkolben) aufgebracht werden, wenn dieser eine Querschnittsfläche von 5 cm² hat und die Querschnittsfläche des großen Kolbens 0,05 m² beträgt?*

8. *Warum ist der Schwereduck im Meer bei gleicher Tiefe größer als in Süßwasser (reinem Wasser)?*

9. *Berechne den Schweredruck im Meer in 20 m Wassertiefe. Die Dichte von Meerwasser beträgt im Mittel 1,025 g/cm³. (Rechne mit g ≈ 10 m/s².)*

Physik-Basics-Trainer Band 1: MECHANIK – Bestell-Nr. 13 050
KOHL VERLAG

4. Druck und Auftriebskraft

4.3 Diplom (Blatt 1)

ab Klasse 8

1.

$p = \frac{F}{A}$

$F = p \cdot A$

$A = \frac{F}{p}$

2.

Die Ausdrücke (B) kg/m² und (F) N • m² sind keine Einheiten des Drucks.

3.

Im Fall B ist der Auflagedruck größer.

4.

Mit $p = \frac{F}{A}$ ➲ $p = \frac{50.000\ \text{N}}{0{,}8\ \text{m}^2} = 62.500\ \text{Pa}$

Der Elefant übt einen Auflagedruck von 62,5 kPa auf den Boden aus. Verblüffend ist auf den ersten Blick, dass der Elefant nur den 3 bis 4-fachen Auflagedruck im Vergleich zum Menschen verursacht, obwohl er etwa die 70-fache Masse hat.

5.

Das abgebildete Experiment zeigt:
In Flüssigkeiten breitet sich der Druck allseitig und gleichmäßig aus.

6.

Der Druck ist an beiden Kolben der hydraulischen Anlage gleich.

7. Mit $p_1 = p_2$ und $g \approx 10\ \text{g/cm}^2$ ➲

$\frac{F_1}{A_1} = \frac{F_2}{A_2}$ ➲ $\frac{F_1}{5\ \text{cm}^2} = \frac{14\ \text{kN}}{0{,}05\ \text{m}^2}$ ➲

$\frac{F_1}{5\ \text{cm}^2} = \frac{14\ \text{kN}}{500\ \text{cm}^2}$ ➲

$F_1 = \frac{14\ \text{kN} \cdot 5\ \text{cm}^2}{500\ \text{cm}^2} = 140\ \text{N}$

Am kleinen Kolben (Druckkolben) muss eine Kraft von 140 N aufgebracht werden.

8.

Der Schwereduck ist im Meer bei gleicher Tiefe größer als in Süßwasser (reinem Wasser), weil durch den Salzgehalt des Meerwassers dessen Dichte größer als die Dichte von reinem Wasser ist.

9.

Mit $p = \rho \cdot g \cdot h$ ➲

$p = 1{,}025\ \text{g/cm}^3 \cdot 10\ \text{m/s}^2 \cdot 20\ \text{m}$ ➲

$p = 1025\ \text{kg/m}^3 \cdot 10\ \text{m/s}^2 \cdot 20\ \text{m}$ ➲

$p = 205.000\ (\text{kg} \cdot \text{m}^2)/(\text{m}^3 \cdot \text{s}^2)$
$= 205.000\ \text{Pa}$

Der Schweredruck beträgt im Meer in 20 m Tiefe 205 kPa (2,05 bar).

4. Druck und Auftriebskraft

4.3 Diplom (Blatt 2)

ab Klasse 8

1. *Warum steigt das Wasser (Bild rechts)?*

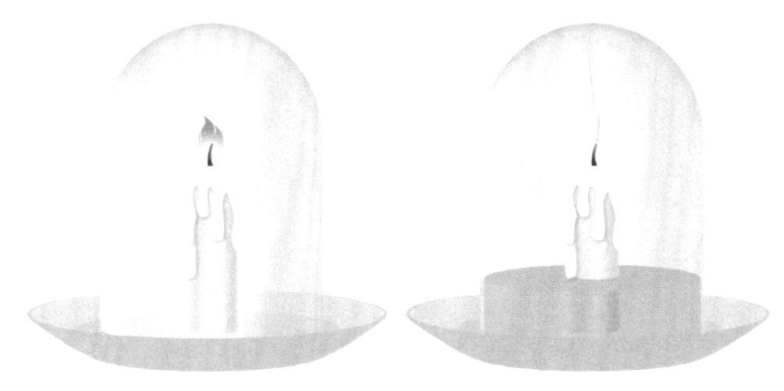

2. *Warum muss zur Luftdruckmessung nach Torricelli das Steigrohr luftleer (Vakuum) und oben verschlossen sein?*

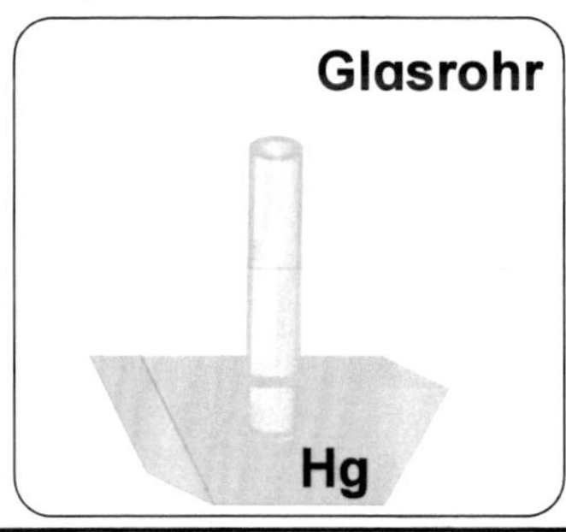

3. *Der Luftdruck beträgt auf Höhe des Meeresspiegels 101.325 Pa (Standard). Er nimmt mit zunehmender Höhe ab. Vergleiche den durchschnittlichen Reifendruck eines PKW von 2,5 bar mit dem standardmäßigen Luftdruck.*

4. *Was besagt das Archimedische Gesetz?*

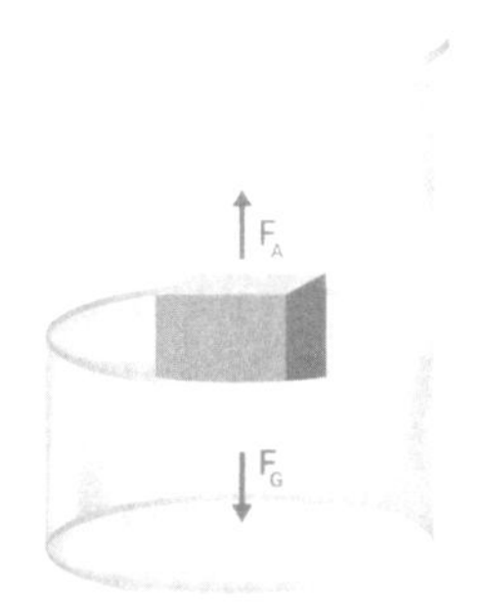

5. *Welche Auftriebskraft wirkt auf einen vollständig in Wasser (ρ_W = 1 g/cm³) eingetauchten Eiswürfel der Kantenlänge 5 cm. Die Dichte von Eis beträgt etwa 0,9 g/cm³.*

6. *Vergleiche die Gewichtskraft des Eiswürfels der Kantenlänge 5 cm mit der Auftriebskraft (siehe Aufgabe 5) auf den vollständig eingetauchten Eiswürfel. Was folgt daraus?*

7. *Bei einem schwimmenden Eiswürfel sind Auftriebskraft und Gewichtskraft ebenfalls im Gleichgewicht. Welche Größe hat sich im Vergleich zum vollständig eingetauchten Eiswürfel geändert?*

8. *Der wievielte Teil seines Volumens V ragt etwa bei einem schwimmenden Eisberg aus dem Wasser?*

(A) $\frac{2}{3} \cdot V$ (B) $\frac{1}{3} \cdot V$ (C) $\frac{1}{10} \cdot V$

Nur für Experten:
Begründe deine Entscheidung durch Rechnung.
(Entnimm die Werte für die Dichte von Wasser und Eis aus Aufgabe 5).

Physik-Basics-Trainer Band 1: MECHANIK – Bestell-Nr. 13 050
KOHL VERLAG

4. DRUCK UND AUFTRIEBSKRAFT

4.3 Diplom (Blatt 2)

ab Klasse 8

1.

Wenn die im Wasser stehende brennende Kerze die zum Verbrennen benötigte Luft unter der Glashaube verbraucht hat, erlischt die Flamme. Durch den nun überwiegenden äußeren Luftdruck wird das Wasser unter der Glashaube nach oben gedrückt.

2.

Bei oben unverschlossenem Steigrohr würde in dem luftgefüllten Rohr der gleiche Luftdruck wirken wie außerhalb des Rohres. Folglich könnte das Quecksilber im Rohr nicht ansteigen und eine Messung des Luftdruckes wäre nicht möglich.

3.

Ausgehend von:

100.000 Pa = 1 bar

p_L=101.325 Pa ≈ 1bar

2,5 bar = 250.000 Pa ≈ 2,5 • 101.325 Pa

Der durchschnittliche Reifendruck eines PKW von 2,5 bar entspricht annähernd dem 2,5-fachen Luftdruck.

4.

Das Archimedische Gesetz besagt:
Auf Körper, die ganz oder teilweise in eine Flüssigkeit oder in ein Gas eingetaucht sind, wirkt eine Auftriebskraft. Diese ist der Gewichtskraft entgegengerichtet.
Der Betrag der Auftriebskraft ist gleich der Gewichtskraft der verdrängten Flüssigkeit.

5.

Mit $F_A = \rho_M \cdot V_K \cdot g$ und $V_K = a^3$

➲ $F_A = 1\ g/cm^3 \cdot 125\ cm^3 \cdot 10\ m/s^2$

➲ $F_A = 0{,}125\ kg \cdot 10\ m/s^2 = 1{,}25\ N$

Auf den Eiswürfel wirkt eine Auftriebskraft von 1,25 N.

6.

Mit $F_G = \rho_K \cdot V_K \cdot g$

➲ $F_G = 0{,}9\ g/cm^3 \cdot 125\ cm^3 \cdot 10\ m/s^2$

➲ $F_G = 0{,}1125\ kg \cdot 10\ m/s^2 = 1{,}125\ N$

Die Gewichtskraft des Eiswürfels beträgt 1,125 N. Folglich gilt: $F_A > F_G$

➲ Der Eiswürfel steigt.

7.

Bei einem schwimmenden Eiswürfel taucht nur ein Teil seines Volumens ins Wasser, woraus folgt, dass weniger Wasser verdrängt wird. Folglich wird die Auftriebskraft geringer.

8.

Zutreffend ist Aussage (C) ⅒ • V

Expertenrechnung:

V‘ sei der Teil des Eisberges im Wasser. Wegen des Gleichgewichts von Auftriebskraft und Gewichtskraft beim schwimmenden Eisberg muss gelten:

$$F_A = F_G$$

$$1\frac{g}{cm^3} \cdot V' \cdot 10\frac{m}{s^2} = 0{,}9\frac{g}{cm^3} \cdot V \cdot 10\frac{m}{s^2}$$

$$V' = 0{,}9 \cdot V = \tfrac{9}{10} \cdot V$$

➲ Nur ⅒ des Volumens des Eisberges ragen aus dem Wasser.

KOHL VERLAG Physik-Basics-Trainer Band 1: MECHANIK • Bestell-Nr. 13 950

5. ARBEIT, ENERGIE UND LEISTUNG

5.1 Die mechanische Arbeit (Blatt 1)

ab Klasse 7

Wenn eine konstante Kraft $\vec{F}_S$ mit dem Betrag F_S längs eines Weges s wirkt, wird *mechanische Arbeit W* verrichtet.

Es gilt: $W = F_S \cdot s$; Einheit 1 Nm (Newtonmeter)
1 Nm = 1 Ws (Wattsekunde) = 1 J (Joule)

Man unterscheidet:

Hubarbeit: $W = F_G \cdot \Delta h$ (F_G Gewichtskraft, Δh Höhenunterschied)
Reibungsarbeit, Spannarbeit, Beschleunigungsarbeit (ab Klasse 10)

Aufgabe 1: *Welche Ausdrücke sind Einheiten der Arbeit?*

- (A) W
- (B) Ws
- (C) PS
- (D) Pa • m
- (E) $1\ \frac{km \cdot g^2}{s^2}$
- (F) Nm
- (G) J
- (H) $1\ \frac{kg \cdot m^2}{s^2}$
- (I) kg • m

Aufgabe 2: *In welchen Fällen wird mechanische Arbeit verrichtet?*

- (A) Koffer in den Zug heben
- (B) Koffer am Bahnsteig halten
- (C) Hantel in Kopfhöhe halten
- (D) Kolben einer hydraulischen Anlage in die Flüssigkeit drücken

Aufgabe 3: *Eine Last von 120 kg soll zur Umlenkung der Kraftrichtung mit Hilfe einer festen Rolle um 8 m gehoben werden. Berechne die Hubarbeit.*

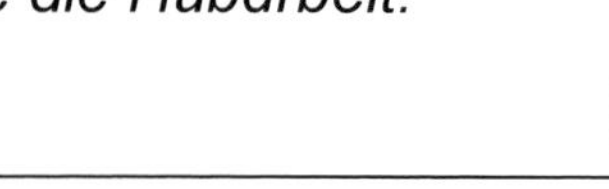

Beachte:
100 g Masse werden von der Erde mit einer Kraft von etwa 1 N angezogen.

Aufgabe 4: *Jan und Pit springen im Schwimmbad am liebsten vom Turm ins kühle Wasser. Jan wiegt 58 kg und Tim 55 kg. Der mutige Tim besteigt den 5-m-Turm; Jan wagt sich nur auf den 3-m-Turm. Wer von den beiden Jungs muss beim Steigen auf den Sprungturm die größere Arbeit verrichten? Begründe deine Antwort durch Rechnung.*

Aufgabe 5: *Was stimmt bei der folgenden Berechnung der zur Fortbewegung des Wagens nötigen Arbeit nicht?*

„W = 200 N • 50 cm = 100 Nm“

$\angle\alpha = 33^\circ$

$F = 200\,N$

$s = 50\,cm$

W = ?

$\vec{F}$

α

x

5. ARBEIT, ENERGIE UND LEISTUNG

5.1 Die mechanische Arbeit (Blatt 1)

ab Klasse 7

Wenn eine konstante Kraft $\vec{F}_S$ mit dem Betrag F_S längs eines Weges s wirkt, wird *mechanische Arbeit W* verrichtet.

Es gilt: $W = F_S \cdot s$; Einheit 1 Nm (Newtonmeter)
1 Nm = 1 Ws (Wattsekunde) = 1 J (Joule)

Man unterscheidet:

Hubarbeit: $W = F_G \cdot \Delta h$ (F_G Gewichtskraft, Δh Höhenunterschied)
Reibungsarbeit, Spannarbeit, Beschleunigungsarbeit (ab Klasse 10)

Aufgabe 1:

Folgende Ausdrücke sind Einheiten der Arbeit:

(B) Ws (F) Nm (G) J und (H) $\frac{kg \cdot m^2}{s^2}$

Aufgabe 2:

Mechanische Arbeit wird verrichtet bei:

(A) Koffer in den Zug heben

(D) Kolben einer hydraulischen Anlage in die Flüssigkeit drücken

Aufgabe 3:

Mit $W = F \cdot \Delta h = 1200\ N \cdot 8\ m = 9600\ Nm$

Die Hubarbeit beträgt 9,6 kJ.

Aufgabe 4:

	Jan	Tim
Masse	58 kg	55 kg
Gewichts-kraft	580 N	550 N
Höhen-unterschied	3 m	5 m
Rechnung	$W = F \cdot \Delta h$ $= 580\ N \cdot 3\ m$ $= 1740\ Nm$	$W = F \cdot \Delta h$ $= 550\ N \cdot 5\ m$ $= 2750\ Nm$

Tim muss die größere Hubarbeit verrichten.

Aufgabe 5:

„W = **200** N • 50 cm = 100 Nm" ist falsch,

denn die Kraft zur Fortbewegung des Wagens ist kleiner als 200 N, weil die Kraft $\vec{F}$ nicht in Wegrichtung wirkt.

Physik-Basics-Trainer Band 1: MECHANIK – Bestell-Nr. 12 950 KOHL VERLAG

5. Arbeit, Energie und Leistung

5.1 Die mechanische Arbeit (Blatt 2)

ab Klasse 10

Vereinfachte Formeln

Reibungsarbeit: $W = F_N \cdot \mu \cdot s$ (F_N Normalkraft, μ Reibungszahl)

Spannarbeit: $W = \frac{1}{2} \cdot F_E \cdot s$ (F_E Endkraft, s Dehnung aus der Ruhelage) oder

$W = \frac{1}{2} \cdot D \cdot s^2$ ($D = F/\Delta l$ Federkonstante, s Dehnung aus der Ruhelage)

Beschleunigungsarbeit: $W = F_S \cdot s = \frac{1}{2} \cdot m \cdot v^2$ (bei Anfangsgeschwindigkeit 0)

Aufgabe 1: *Da sich die Batterie verabschiedet hat, muss ein Auto der Masse 800 kg auf waagerechter Straße 50 m weit geschoben werden. Bestimme den Arbeitsaufwand, wenn der Reibungsfaktor μ den Wert 0,20 besitzt.*

Aufgabe 2: *Welches Diagramm gehört zur Hubarbeit; welches zur Spannarbeit? Begründe deine Zuordnung.*

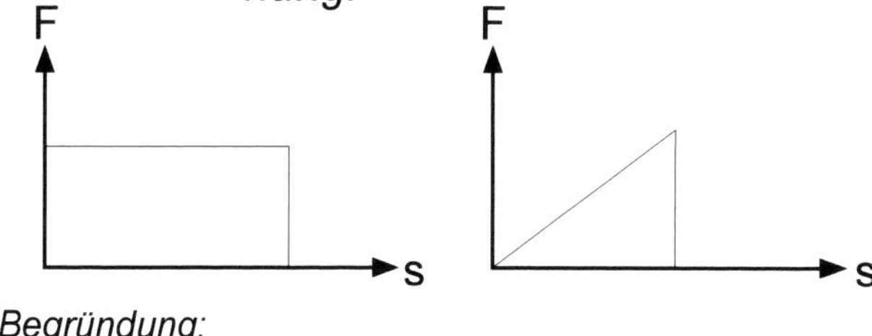

Begründung:

Aufgabe 3: *Ein Gewicht zieht mit einer Kraft von 30 N am unteren Ende einer Feder. Diese verlängert sich dadurch um eine Strecke von 12 cm. Welche Federspannarbeit wird dadurch verrichtet?*

Aufgabe 4: *Eine Feder hat eine Federkonstante von 100 N/m und wird um 20 cm gedehnt. Wie groß ist die verrichtete mechanische Arbeit?*

Aufgabe 5: *Ein besetzter Rodelschlitten der Gesamtmasse 90 kg wird mit einer Beschleunigung von $a = 2\ m/s^2$ 4 s lang „in Schwung" gebracht. Berechne die Beschleunigungsarbeit.*

Aufgabe 6: *Ein PKW der Masse 1,2 t beschleunigt gleichmäßig 3 s lang aus dem Stand (siehe Bild).*

a) *Wie groß ist die Beschleunigung?*

b) *Berechne die Beschleunigungsarbeit.*

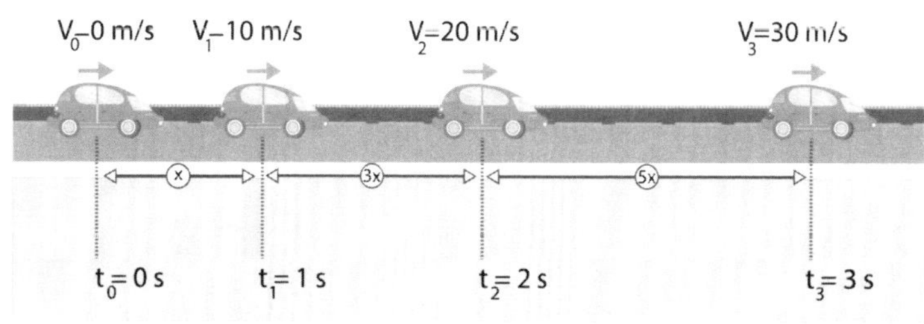

Physik-Basics-Trainer Band 1: MECHANIK – Bestell-Nr. 13 050
KOHL VERLAG

5. Arbeit, Energie und Leistung

5.1 Die mechanische Arbeit (Blatt 2)

ab Klasse 10

Vereinfachte Formeln

Reibungsarbeit: $W = F_N \cdot \mu \cdot s$ (F_N Normalkraft, μ Reibungszahl)

Spannarbeit: $W = \frac{1}{2} \cdot F_E \cdot s$ (F_E Endkraft, s Dehnung aus der Ruhelage) oder

$W = \frac{1}{2} \cdot D \cdot s^2$ ($D = F/\Delta l$ Federkonstante, s Dehnung aus der Ruhelage)

Beschleunigungsarbeit: $W = F_S \cdot s = \frac{1}{2} \cdot m \cdot v^2$ (bei Anfangsgeschwindigkeit 0)

Aufgabe 1:

$W = F_N \cdot \mu \cdot s$ ➲

$W = 8000\ N \cdot 0{,}2 \cdot 50\ m = 80.000\ Nm$

Der Arbeitsaufwand beträgt 80 kJ.

Aufgabe 2:

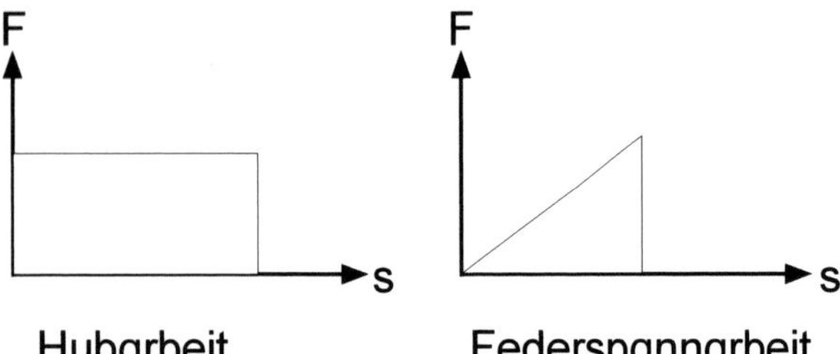

Hubarbeit Federspannarbeit

Begründung:

- Beim Verrichten von Hubarbeit bleibt die Kraft während des Hebens zeitlich konstant. Der Graph der Funktion F(s) ist eine Parallele zur s-Achse.
- Beim Spannen einer Feder muss mit zunehmender Dehnung auch die Kraft zunehmen. Die Funktion F(s) ist linear steigend.

Aufgabe 3:

Mit $W = \frac{1}{2} \cdot F_E \cdot s$ ➲
$W = \frac{1}{2} \cdot 30\ N \cdot 12\ cm = 180\ Ncm$
$W = 1{,}8\ Nm$

Alternativer Lösungsweg:
Ermittlung der Federkonstanten D:
Mit $D = F/\Delta l = 30\ N/12\ cm = 2{,}5\ N/cm$ und
$W = \frac{1}{2} \cdot D \cdot s^2$ ➲
$W = \frac{1}{2} \cdot 2{,}5\ N/cm \cdot (12\ cm)^2 = 180\ Ncm$
$W = 1{,}8\ Nm$
Es wird eine Federspannarbeit von 1,8 Nm verrichtet.

Aufgabe 4:

Mit $W = \frac{1}{2} \cdot D \cdot s^2$
➲ $W = \frac{1}{2} \cdot 100\ N/m \cdot (20\ cm)^2$
➲ $W = \frac{1}{2} \cdot 100\ N/m \cdot (0{,}2\ m)^2$
➲ $W = 2\ Nm$
Die verrichtete mechanische Arbeit beträgt 2 Nm.

Aufgabe 5:

Zunächst mit $v = a \cdot t$ die Geschwindigkeit nach einer Beschleunigungszeit von 4 s berechnen: $v = 2\ m/s^2 \cdot 4\ s = 8\ m/s$
Mit $W = \frac{1}{2} \cdot m \cdot v^2$
➲ $W = \frac{1}{2} \cdot 90\ kg \cdot (8\ m/s)^2$
➲ $W = 2880\ Nm$
Am Schlitten wird eine Beschleunigungsarbeit von 2880 Nm verrichtet.

Aufgabe 6:

a) Mit $a = v/t$ ➲ $a = (30\ m/s)/(3\ s) = 10\ m/s^2$ (Werte aus der Abbildung entnommen)
Die konstante Beschleunigung beträgt 10 m/s².

b) Mit $W = \frac{1}{2} \cdot m \cdot v^2$ ➲ $W = \frac{1}{2} \cdot 1200\ kg \cdot (30\ m/s)^2$ ➲ $W = 540.000\ Nm$
Die Beschleunigungsarbeit beträgt 540.000 Nm bzw. 540 kJ.

Physik-Basics-Trainer
KOHL VERLAG

5. ARBEIT, ENERGIE UND LEISTUNG

5.1 Die mechanische Arbeit (Blatt 3)

ab Klasse 10

Wenn Kraft- und Wegrichtung nicht übereinstimmen ...

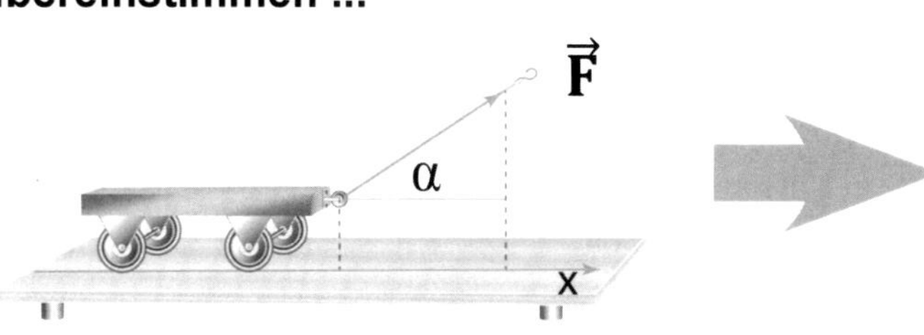

... muss die Kraftkomponente $\vec{F}_S$ in Wegrichtung bestimmt werden.

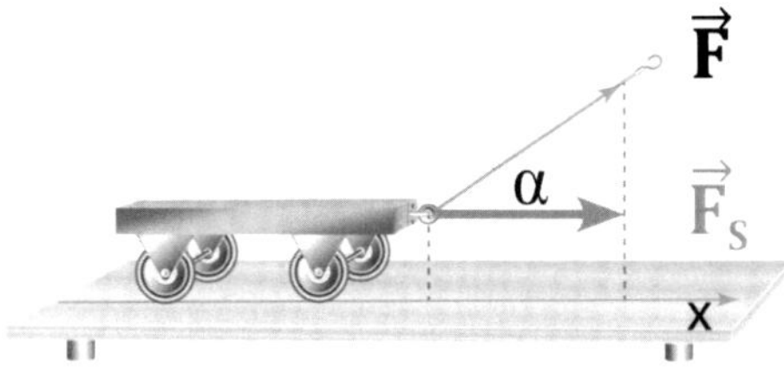

Es gilt: $|\vec{F}_S| = |\vec{F}| \cdot \cos\alpha$ und folglich $W = F \cdot s \cdot \cos\alpha$

Aufgabe 1: *Nenne 2 Beispiele dafür, dass Kraft- und Wegrichtung nicht übereinstimmen.*

Aufgabe 3: *Berechne die mechanische Arbeit. Entnimm dazu die gegebenen Größen aus der Abbildung.*

$\angle\alpha = 33°$

$F = 200\,N$

$s = 50\,cm$

$W = ?$

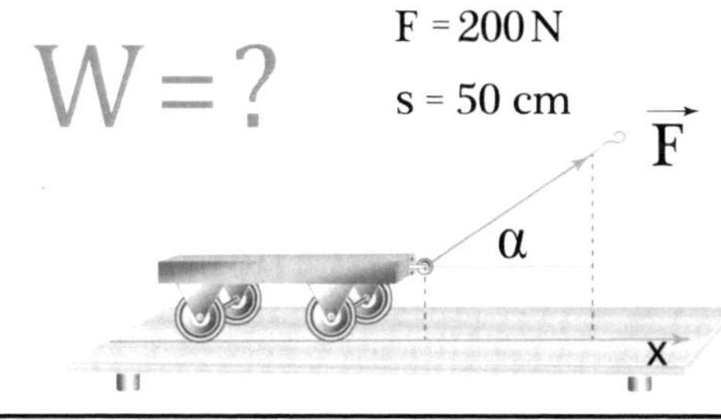

Aufgabe 2: *Die Kraftvektoren $\vec{F}$ und $\vec{F}_S$ schließen den Winkel α ein. Der Betrag der Kraftkomponente $\vec{F}_S$ wird bei konstantem Betrag von $\vec{F}$ mit zunehmendem Winkel α ...*

(A) *... kleiner* (B) *... größer?*

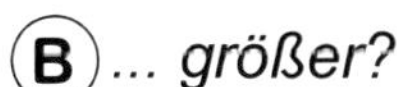

Aufgabe 4: *Für welchen Winkel α wirkt nur noch die Hälfte der Kraft $\vec{F}$ als Kraftkomponente $\vec{F}_S$ in Wegrichtung?*

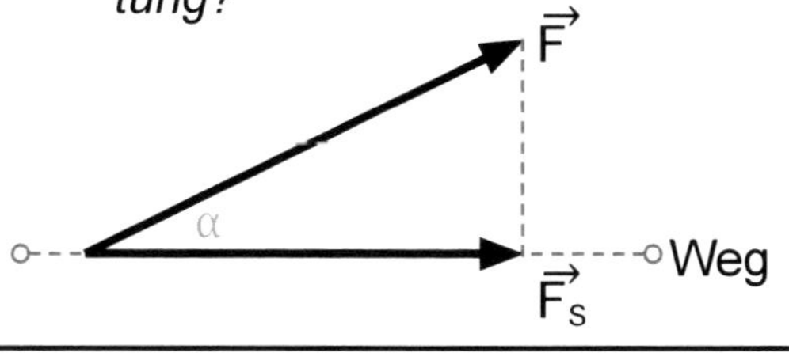

Aufgabe 5: *Ein Mann zieht einen Schlitten (m = 10 kg) mit einem Kind (m = 45 kg) in gleichem Tempo entlang einer 300 m langen, waagerechten Strecke über den Schnee.*

a) *Berechne die Gleitreibungskraft F_{GR} und die Reibungsarbeit W beim Gleiten über den Schnee. Nimm die Gleitreibungszahl mit $\mu_{GL} = 0{,}08$ an. (Rechne mit $g \approx 10\ m/s^2$.)*

b) *Mit welcher Kraft F_Z muss der Mann am Schlitten ziehen?*

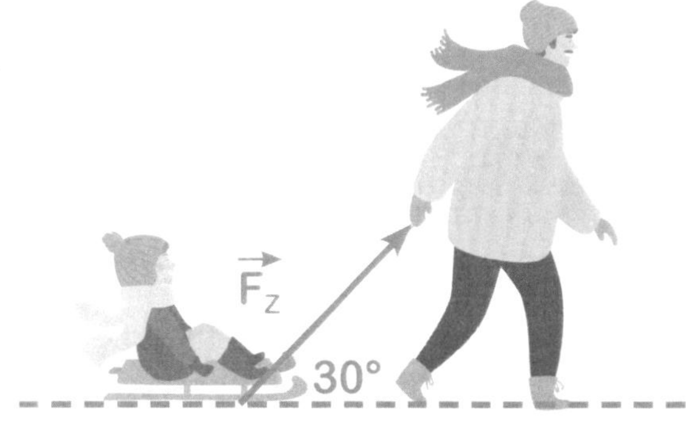

Physik-Basics-Trainer Band 1: MECHANIK – Bestell-Nr. 13 050
KOHL VERLAG

5. Arbeit, Energie und Leistung

5.1 Die mechanische Arbeit (Blatt 3)

ab Klasse 10

Wenn Kraft- und Wegrichtung nicht übereinstimmen ...

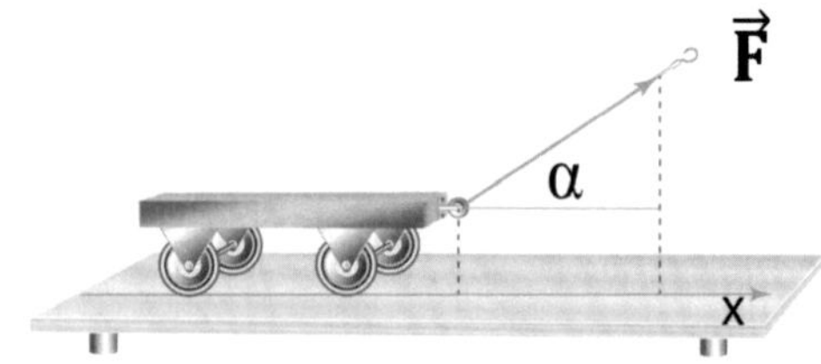

... muss die Kraftkomponente $\vec{F}_s$ in Wegrichtung bestimmt werden.

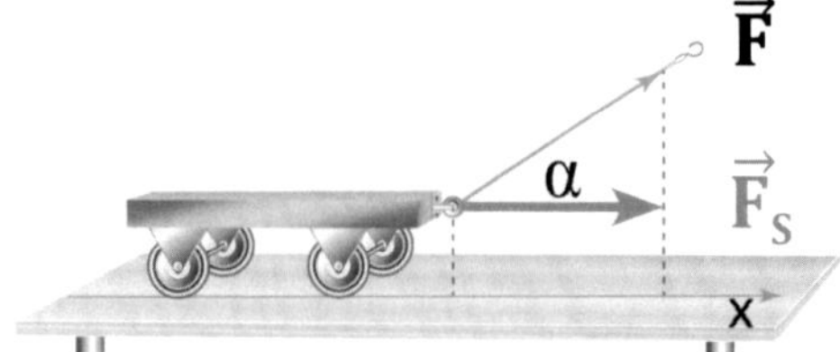

Es gilt: $|\vec{F}_s| = |\vec{F}| \cdot \cos\alpha$ und folglich $W = F \cdot s \cdot \cos\alpha$

Aufgabe 1:

Kraft- und Wegrichtung stimmen nicht überein:

- beim Schiffe treideln
- beim Ziehen eines Pferdewagens

Aufgabe 2:

Der Betrag der Kraftkomponente $\vec{F}_s$ wird bei konstantem Betrag von $\vec{F}$ mit zunehmendem Winkel α ...

 kleiner

Aufgabe 3:

Mit $W = F \cdot s \cdot \cos\alpha$

➲ $W = 200\ \text{N} \cdot 0{,}5\ \text{m} \cdot \cos 33°$

➲ $W = 83{,}87\ \text{Nm}$

Aufgabe 4:

Für $\alpha = 60°$ wirkt nur noch die Hälfte der Kraft $\vec{F}$ als Kraftkomponente $\vec{F}_s$ in Wegrichtung.

Aufgabe 5:

a) Gleitreibungskraft F_{GR} ermitteln:

Mit $F_{GR} = F_N \cdot \mu_{GL}$ ➲ $F_{GR} \approx 550\ \text{N} \cdot 0{,}08 \approx 44\ \text{N}$

Reibungsarbeit berechnen:

Mit $W = F \cdot s$ ➲ $W \approx 44\ \text{N} \cdot 300\ \text{m} \approx 13.200\ \text{Nm}$

Die Gleitreibungskraft beträgt etwa 44 N. Beim Ziehen des Schlittens über den Schnee muss eine Gleitreibungsarbeit von etwa 13.200 Nm verrichtet werden.

b) Aus $\cos\alpha = F_S/F_Z$ ➲ $F_Z = F_S/\cos\alpha \approx (44\ \text{N})/\cos 30° \approx 50{,}8\ \text{N}$

Der Mann muss mit einer Kraft von etwa 50,8 N am Schlitten ziehen.

Physik-Basics-Trainer Band 1: MECHANIK – Bestell-Nr. 13 059
KOHL VERLAG

5. Arbeit, Energie und Leistung

5.2 Die Leistung

ab Klasse 7

Die Leistung P als physikalische Größe ist ein Maß für die pro Zeiteinheit t verrichtete Arbeit.

Es gilt: $P = \frac{W}{t}$; **Einheit 1 W (Watt)**

$$1\,W = \frac{Nm}{s} = \frac{J}{s}$$

Die Einheit „Watt" hat insbesondere Bedeutung als Einheit elektrischer Größen.

Zur historischen Leistungseinheit „PS"

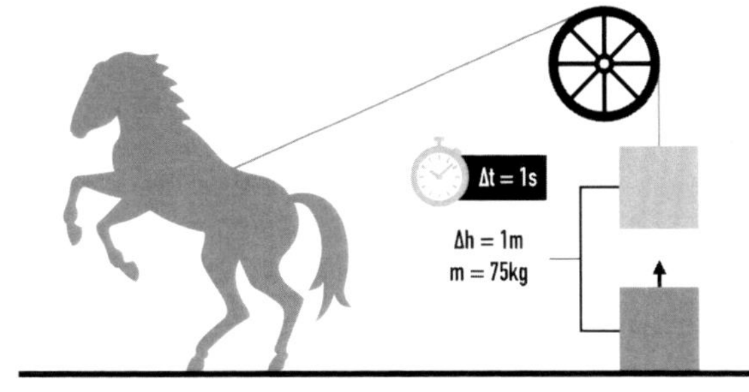

Aufgabe 1: *Welche der folgenden Ausdrücke sind (auch veraltete) Einheiten der Leistung?*

(A) $\frac{J}{s}$ (B) W (C) PS

(D) Nm (E) $\frac{Nm}{s}$ (F) Ws

Aufgabe 2: *Gib drei Gleichungen mit den Größen aus dem Bild an.*

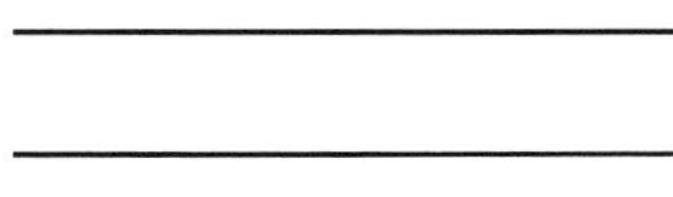

P Leistung **t** Zeit

Aufgabe 3: *Wie stark ist im Durchschnitt die Leistung eines Pferdes?*

(A) ≈ 750 W (B) 1 PS

(C) ≈ 1 kJ (D) 750 N

Aufgabe 4: *Welche Leistung vollbringt ein Matrose (72 kg), der in 90 s auf den 50 m hohen Mast eines Schiffes klettert?*

(Rechne mit $g \approx 10\,m/s^2$.)

Aufgabe 5: *Ein Bergwanderer (Masse mit Gepäck 100 kg) leistet 160 W. Um wieviel Meter steigt er im Gebirge in einer Stunde höher? (Rechne mit $g \approx 10\,m/s^2$.)*

Aufgabe 6: *Welche mechanische Arbeit verrichtet ein Elektromotor mit der Leistungsangabe „1,5 kW" unter der Annahme einer verlustfreien Energieumwandlung in 30 Minuten?*

Aufgabe 7: *Wie lange braucht eine Pumpe mit der Leistung 12 kW, um 15.000 Liter Wasser (m = 15.000 kg) aus 15 m Tiefe zu fördern?*

(Rechne mit $g \approx 10\,m/s^2$.)

Physik-Basics-Trainer Band 1: MECHANIK – Bestell-Nr. 13 050

KOHL VERLAG

5. Arbeit, Energie und Leistung

5.2 Die Leistung

ab Klasse 7

Die Leistung P als physikalische Größe ist ein Maß für die pro Zeiteinheit t verrichtete Arbeit.

Es gilt: $P = \frac{W}{t}$; Einheit 1 W (Watt)

$1\ W = \frac{Nm}{s} = \frac{J}{s}$

Die Einheit „Watt“ hat insbesondere Bedeutung als Einheit elektrischer Größen.

Zur historischen Leistungseinheit „PS“

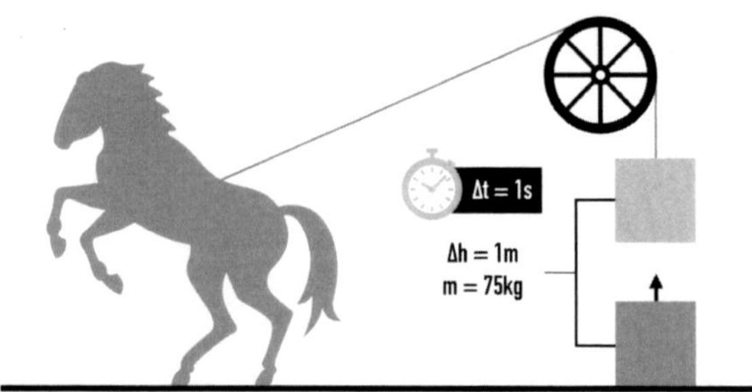

Aufgabe 1:

Einheiten der Leistung sind:

(A) $\frac{J}{s}$ (B) W (C) PS (E) $\frac{Nm}{s}$

Aufgabe 2:

Gleichungen $P = \frac{W}{t}$

$W = P \cdot t$

$t = \frac{W}{P}$

Aufgabe 3:

Zutreffend sind die Antworten:

(A) ≈ 750 W und (B) 1 PS

Aufgabe 4:

Mit P = W/t

➲ P = (720 N • 50 m)/(90 s) = 400 Nm/s

Der Matrose vollbringt eine Leistung von 400 W.

Aufgabe 5:

Mit P = W/t ➲ 160 W ≈ (1000 N • Δh)/(1 h)

➲ Δh ≈ (160 W • 1 h)/(1000 N)

≈ (160 Nm/s • 3600 s)/(1000 N)

➲ Δh ≈ (160 m • 3600)/1000 ≈ 576 m

Der Bergsteiger steigt in einer Stunde um etwa 576 m höher.

Aufgabe 6:

Mit P = W/t ➲ W = P • t

➲ W = 1500 W • 0,5 h = 750 Wh

Der Elektromotor verrichtet eine mechanische Arbeit von 0,75 kWh.

Aufgabe 7: Aus P = W/t

➲ t = W/P = (150.000 N • 15 m)/(12.000 W)

➲ t = (150.000 N • 15 m)/(12.000 Nm/s)

= 187,5 s

Die Pumpe benötigt 3 Minuten und 7,5 Sekunden.

KOHL VERLAG Physik-Basics-Trainer Band 1: MECHANIK • Bestell-Nr. 13 050

5. Arbeit, Energie und Leistung

5.3 Mechanische Energie und Energieumwandlungen (Blatt 1)

ab Klasse 7

In der Physik gilt die *Energie E* als eine *Zustandsgröße*.

Einheit: J (Joule), Nm (Newtonmeter) oder Ws (Wattsekunde)

Energie kennzeichnet die *Fähigkeit* eines Systems (Körpers), mechanische Arbeit zu verrichten, Wärme abzugeben oder Strahlung (beispielsweise Licht oder radioaktive Strahlung) auszusenden.

Energie kann in Form von potenzieller, kinetischer, elektrischer, thermischer, chemischer Energie oder Strahlungsenergie auftreten.

Für die potenzielle Energie (Lageenergie) gilt:

$E_{pot} = m \cdot g \cdot h$; h – Höhe über einem definierten Nullniveau

Der *Energieerhaltungssatz* besagt, dass sich die Gesamtenergie in einem abgeschlossenen System nicht ändert. Die Energieformen können jedoch ineinander umgewandelt werden.

Bei Energieumwandlungen gibt der Wirkungsgrad η das Verhältnis von abgegebener Energie zur aufgenommenen Energie an.

Aufgabe 1: *Gib zwei Beispiele für Körper an, die potenzielle Energie gegenüber … (Angabe des Nullniveaus) haben:*

- ______________________

  gegenüber ______________________

- ______________________

  gegenüber ______________________

Aufgabe 2: *Gib zwei Beispiele für Körper, die kinetische Energie haben, an:*

- ______________________
- ______________________

Aufgabe 3: *Rechne die Energieeinheit 1 kWh in Ws um.*

Aufgabe 4: *Ergänze folgenden Text:*

In einem Wasserkraftwerk wird die ____________ Energie des im ____________ gespeicherten Wassers beim Auftreffen auf die tiefer gelegenen ____________ in ____________ Energie umgewandelt. Im Generator erfolgt die Umwandlung dieser mechanischen Energie in ____________ Energie zur Stromversorgung von Haushalten und Wirtschaft.

5. Arbeit, Energie und Leistung

5.3 Mechanische Energie und Energieumwandlungen (Blatt 1)

ab Klasse 7

In der Physik gilt die *Energie E* als eine *Zustandsgröße*.

Einheit: J (Joule), Nm (Newtonmeter) oder Ws (Wattsekunde)

Energie kennzeichnet die *Fähigkeit* eines Systems (Körpers), mechanische Arbeit zu verrichten, Wärme abzugeben oder Strahlung (beispielsweise Licht oder radioaktive Strahlung) auszusenden.

Energie kann in Form von potenzieller, kinetischer, elektrischer, thermischer, chemischer Energie oder Strahlungsenergie auftreten.

Für die potenzielle Energie (Lageenergie) gilt:

$E_{pot} = m \cdot g \cdot h$; h – Höhe über einem definierten Nullniveau

Der *Energieerhaltungssatz* besagt, dass sich die Gesamtenergie in einem abgeschlossenen System nicht ändert. Die Energieformen können jedoch ineinander umgewandelt werden.

Bei Energieumwandlungen gibt der Wirkungsgrad η das Verhältnis von abgegebener Energie zur aufgenommenen Energie an.

Es gilt: $\eta = \frac{E_{ab}}{E_{auf}}$

Aufgabe 1:

Diese Körper haben potenzielle Energie gegenüber …

- Sportler auf 10-m-Turm im Schwimmbad gegenüber dem Schwimmbecken
- angehobenes Pendel gegenüber der Ruhelage

Aufgabe 2:

Diese Körper haben kinetische Energie:

- Sportler nach Absprung vom 10-m-Turm vor Aufschlag ins Wasser des Schwimmbeckens
- Mit Tempo 200 km/h fahrender ICE-Zug

Aufgabe 3:

1 kWh = 1000 W • 3600 s = $3{,}6 \cdot 10^6$ Ws

Aufgabe 4:

In einem Wasserkraftwerk wird die **potenzielle** Energie des im **Oberbecken** gespeicherten Wassers beim Auftreffen auf die tiefer gelegenen **Turbinen** in **kinetische** Energie umgewandelt. Im Generator erfolgt die Umwandlung dieser mechanischen Energie in **elektrische** Energie zur Stromversorgung von Haushalten und Wirtschaft.

Physik-Basics-Trainer Band 1: MECHANIK • Bestell-Nr. 12 050 • KOHL VERLAG

5. Arbeit, Energie und Leistung

5.3 Mechanische Energie und Energieumwandlungen (Blatt 2)

ab Klasse 7

Aufgabe 1: *Welche Aussagen zum physikalischen Energiebegriff sind zutreffend?*

(A) Energie ist unter anderem ein Maß für das Vermögen eines Körpers, Arbeit im physikalischen Sinn zu verrichten.

(B) Energie wird u. a. in Joule gemessen.

(C) Früher war als Maßeinheit für die Energie „PS“ gebräuchlich.

(D) Energie kann man mit moderner Technik erzeugen.

(E) Energie kann in einem abgeschlossenen System weder erzeugt werden, noch verloren gehen.

(F) Die Nutzbarmachung erneuerbarer Energiequellen widerlegt den Energieerhaltungssatz.

(G) Energie tritt in verschiedenen Formen auf, die ineinander umgewandelt werden können.

(H) Mit einem *Perpetuum mobile* kann Energie erzeugt werden.

(I) Wissenschaftlern und Technikern ist es gelungen, Maschinen mit einem Wirkungsgrad $\eta > 1$ zu entwickeln.

Aufgabe 2: *Welche potenzielle Energie hat ein Wassersportler (m = 72 kg) auf dem 10-m-Turm gegenüber dem Beckenrand? (Rechne mit dem Ortsfaktor $g \approx 10\ m/s^2$.)*

Aufgabe 5: *Der Wirkungsgrad wird auch in Prozent angegeben. Wieviel Prozent entspricht der Wirkungsgrad $\eta = 1$?*

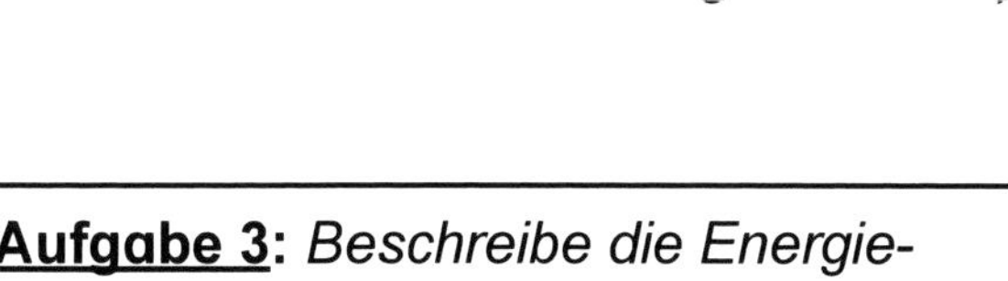

Aufgabe 3: *Beschreibe die Energieumwandlung während des Sprungs vom 10-m-Turm bis zum Aufprall an der Wasseroberfläche und dem Eintauchen ins Wasser.*

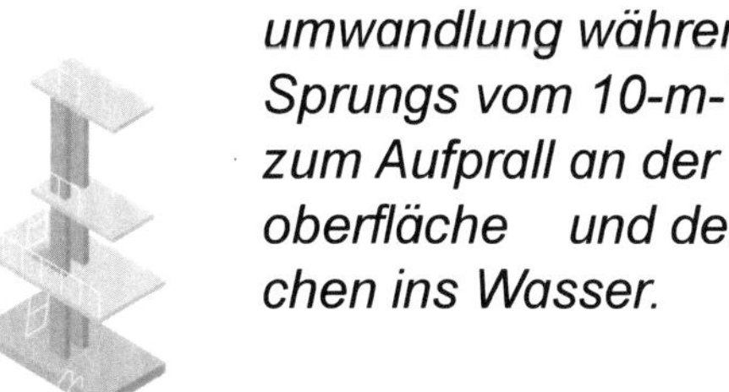

Aufgabe 6: *Warum ist der Wirkungsgrad von Maschinen stets kleiner als 1?*

Aufgabe 4: *Nenne eine Vorrichtung, bei welcher potenzielle Energie in kinetische Energie umgewandelt wird.*

Aufgabe 7: *Ein Lastkran wird mit einem Elektromotor von 5600 W Leistungsaufnahme betrieben. Er hebt eine Last mit der Masse 2,5 t in einer Minute um 8,2 m an. Mit welchem Wirkungsgrad arbeitet der Kran? (Rechne mit dem Ortsfaktor $g \approx 10\ m/s^2$.)*

Physik-Basics-Trainer Band 1: MECHANIK – Bestell-Nr. 13 050

KOHL VERLAG

5. ARBEIT, ENERGIE UND LEISTUNG

5.3 Mechanische Energie und Energieumwandlungen (Blatt 2)

ab Klasse 7

Aufgabe 1: Zutreffend sind:

(A) Energie ist unter anderem ein Maß für das Vermögen eines Körpers, Arbeit im physikalischen Sinn zu verrichten.

(B) Energie wird u. a. in Joule gemessen.

(E) Energie kann in einem abgeschlossenen System weder erzeugt werden, noch verloren gehen.

(G) Energie tritt in verschiedenen Formen auf, die ineinander umgewandelt werden können.

Aufgabe 2:

Mit $E_{pot} = m \cdot g \cdot h$

➲ $E_{pot} = 72\ kg \cdot 10\ m/s^2 \cdot 10\ m = 7200\ Nm$

Auf dem 10-m-Turm hat der Wassersportler gegenüber dem Beckenrand eine potenzielle Energie von 7200 Nm.

Aufgabe 3:

Auf dem 10-m-Turm	E_{pot} maximal E_{kin} Null
Während des Sprungs	E_{pot} nimmt ab E_{kin} nimmt zu
Beim Aufprall und Eintauchen ins Wasser	E_{pot} Null E_{kin} Null Mechanische Energie bewirkt Erwärmung und Verformung des Wassers.

Aufgabe 4:

individuelle Antworten

Zum Beispiel:

- Bei einer Schaukel wird die einmal zugeführte potenzielle Energie in kinetische Energie umgewandelt und umgekehrt.
- Pfahlramme

Aufgabe 5:

Der Wirkungsgrad $\eta = 1$ entspricht 100 %.

Aufgabe 6:

Der Wirkungsgrad von Maschinen ist wegen unerwünschter Umwandlung von Bewegungsenergie in Wärme durch Reibung stets kleiner als 1.

Aufgabe 7:

- aufgenommene Energie des Elektromotors:
  $E_{auf} = P \cdot t = 5600\ W \cdot 60\ s = 336.000\ Ws$
- abgegebene Energie des Lastkrans:
  $E_{ab} = m \cdot g \cdot h = 2500\ kg \cdot 10\ m/s^2 \cdot 8{,}2\ m$
  $E_{ab} = 205.000\ Nm$

Mit $\eta = E_{ab}/E_{auf}$ ➲ $\eta = \dfrac{205.000\ Nm}{336.000\ Nm} \approx 0{,}61$

Der Kran arbeitet mit einem Wirkungsgrad von etwa 61 %.

5. Arbeit, Energie und Leistung

5.3 Mechanische Energie und Energieumwandlungen (Blatt 3)

ab Klasse 10

Während die *potenzielle Energie* E_{pot} eines Körpers zunimmt, nachdem Hubarbeit an dem Körper verrichtet wurde, wächst seine *kinetische Energie* E_{kin}, nach dem Verrichten von Beschleunigungsarbeit.

Energie ist ein Zustand; Arbeit ist ein Vorgang.

Für die kinetische Energie gilt: $E_{kin} = \frac{1}{2} m \cdot v^2$

Aufgabe 1: *Durch welchen Vorgang kann man ...*

a) *die potenzielle Energie*

b) *die kinetische Energie*

... eines Körpers erhöhen?

Aufgabe 2: *Welche der folgenden Ausdrücke können als Maßeinheiten der kinetischen Energie verwendet werden?*

(A) Nm (B) J (C) $kg \cdot \frac{m}{s^2}$

(D) W (E) $kg \cdot \frac{m^2}{s^2}$ (F) Ws

Aufgabe 3: *Welche kinetische Energie hat ein Golfball der Masse 45 g, der von einem Profi mit einer Geschwindigkeit von 240 km/h abgeschlagen wird?*

Aufgabe 4: *Ein Körper unbekannter Masse wird auf die Geschwindigkeit 4,0 m/s gebracht und besitzt danach die kinetische Energie 96 J. Wie groß ist die Masse des Körpers?*

Aufgabe 5: *Von zwei Körpern A und B gleicher Masse hat Köper B die vierfache kinetische Energie wie Körper A. Vergleiche die Geschwindigkeiten der Körper.*

Aufgabe 6: *Welche der folgenden Umstellungen der Formel für die kinetische Energie nach der Geschwindigkeit v ist korrekt?*

(A) $v = \frac{2 \cdot E_{kin}}{m}$ (B) $v = \sqrt{\frac{2 \cdot E_{kin}}{m}}$

(C) $v = \frac{\sqrt{2 \cdot E_{kin}}}{m}$ (D) $v = \left(\frac{2 \cdot E_{kin}}{m}\right)^2$

Aufgabe 7: *Es ist bekannt, dass sich ein Körper der Masse 1 kg auf einem Turm befindet und gegenüber dem Boden eine potenzielle Energie von 200 Nm hat. Mit welcher Geschwindigkeit trifft er auf dem Boden auf, wenn er vom Turm fällt? Gehe bei der Rechnung davon aus, dass eine verlustfreie Umwandlung der potenziellen Energie in kinetische Energie stattfindet.*

Aufgabe 8: *Berechne die kinetische Energie eines frei fallenden Körpers der Masse 200 g beim Aufschlag auf den Boden nach 5 s Fallzeit. (Der Luftwiderstand soll nicht berücksichtigt werden. (Rechne mit $g \approx 10\ m/s^2$.)*

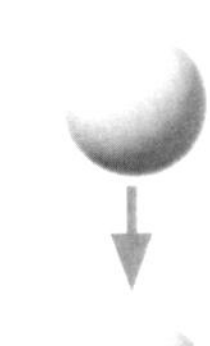

Physik-Basics-Trainer Band 1: MECHANIK – Bestell-Nr. 13 050

KOHL VERLAG

5. Arbeit, Energie und Leistung

5.3 Mechanische Energie und Energieumwandlungen (Blatt 3)

ab Klasse 10

Während die *potenzielle Energie E_{pot}* eines Körpers zunimmt, nachdem Hubarbeit an dem Körper verrichtet wurde, wächst seine *kinetische Energie E_{kin}*, nach dem Verrichten von Beschleunigungsarbeit.

Energie ist ein Zustand; Arbeit ist ein Vorgang.

Für die kinetische Energie gilt: $E_{kin} = ½ m \cdot v^2$

Aufgabe 1:

a) Die potenzielle Energie eines Körpers kann man durch das Verrichten von Hubarbeit erhöhen.

b) Die kinetische Energie eines Körpers wird durch Verrichten von Beschleunigungsarbeit erhöht.

Aufgabe 2:

Folgende Ausdrücke können als Maßeinheiten der kinetischen Energie verwendet werden.

(A) Nm  (B) J (E) $kg \cdot \frac{m^2}{s^2}$ (F) Ws

Aufgabe 3:

Mit $E_{kin} = ½ m \cdot v^2$

➲ $E_{kin} = ½ \cdot 45\ g \cdot (240\ km/h)^2$

➲ $E_{kin} = ½ \cdot 0{,}045\ kg \cdot (240/3{,}6\ m/s)^2$

➲ $E_{kin} = 100\ Nm$

Der Golfball hat beim Abschlag eine kinetische Energie von 100 Ws.

Aufgabe 4:

Aus $E_{kin} = ½ m \cdot v^2$

➲ $m = (2 \cdot E_{kin})/v^2 = (2 \cdot 96\ Nm)/(4\ m/s)^2 = 12\ kg$

Der Körper hat eine Masse von 12 kg.

Aufgabe 5:

Körper B hat die doppelte Geschwindigkeit wie Körper A.

Aufgabe 6:

Zutreffend ist

(B) $\sqrt{\frac{2 \cdot E_{kin}}{m}}$

Aufgabe 7:

Mit dem Ansatz

$E_{kin} = E_{pot}$

➲ $200\ Nm = ½ \cdot 1\ kg \cdot v^2$

➲ $v = \sqrt{\frac{2 \cdot 200\ Nm}{1\ kg}} = 20\ m/s$

Der Körper trifft mit einer Geschwindigkeit von 20 m/s auf dem Boden auf.

Aufgabe 8:

Aufprallgeschwindigkeit:

$v = g \cdot t \approx 10\ m/s^2 \cdot 5\ s \approx 50\ m/s$

Mit $E_{kin} = ½ m \cdot v^2$

➲ $E_{kin} = ½ \cdot 0{,}200\ kg \cdot (50\ m/s)^2$

➲ $E_{kin} \approx 250\ Nm \approx 250\ Ws$

Der Körper hat beim Aufprall eine kinetische Energie von etwa 250 Ws.

5. Arbeit, Energie und Leistung

5.4 Diplom (Blatt 1)

ab Klasse 7

1. *Ordne die Einheiten den passenden Größen zu:*

1 W, 1 N, 1 Nm, 1 Ws, 1 J, 1 $\frac{Nm}{s}$, 1 kWh

Größen	Einheiten
Kraft	
Arbeit/Energie	
Leistung	

5. *Im Diagramm ist die Kraft, mit welcher eine Schraubenfeder gespannt wird, in Abhängigkeit von der Längenausdehnung s der Feder dargestellt. Ermittle die Federspannarbeit für diesen Vorgang.*

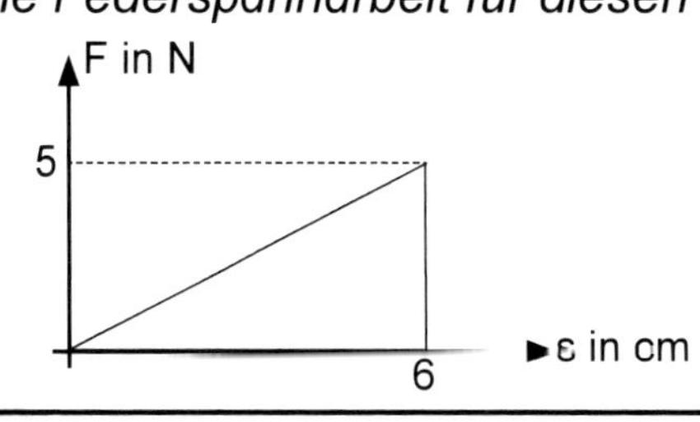

2. *Gib drei Gleichungen mit den Größen aus dem Bild an.*

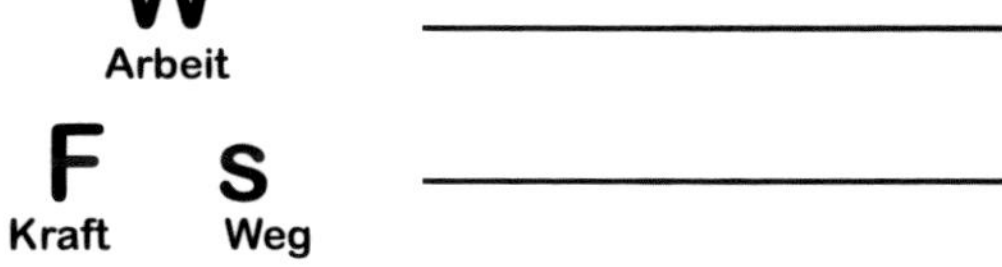

____

____

____

6. *Ein Bergsteiger (Masse mit Ausrüstung 80 kg) startet seine Tour von einem 650 m hohen Plateau. Welche potenzielle Energie hat er gegenüber diesem Plateau, nachdem er auf eine Höhe von 900 m geklettert ist? (Rechne mit g ≈ 10 m/s².)*

3. *Welche Reibungsarbeit muss der Mann verrichten, um die 70 kg schwere Holzkiste um 5 m auf dem Holzfußboden zu verschieben? Die Gleitreibungszahl beträgt 0,4.*

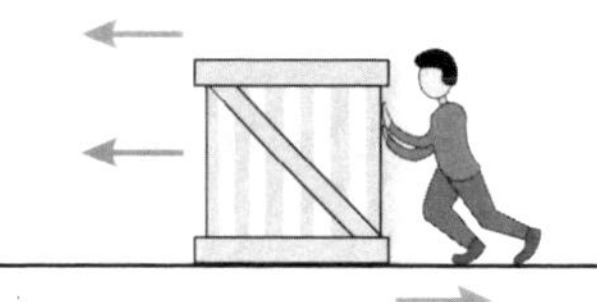

7. *Ein 80 kg schwerer Mann steigt im Berliner Fernsehturm die 987 Stufen – das sind etwa 200 m – in 5 Minuten und 20 Sekunden hinauf.*

a) *Welche Arbeit verrichtet er dabei? (Rechne mit g ≈ 10 m/s².)*

b) *Wie groß ist seine Leistung?*

4. *Eine Feder wird durch eine Kraft von 4 N um 15 cm gedehnt. Welche Arbeit ist notwendig, um die Feder auf 30 cm zu dehnen?*

8. *Ergänze:*

In der Mechanik bedeutet Energie zu besitzen

A _ B _ _ _ _ _ _ _ R _ _ _ _ N.

Physik-Basics-Trainer Band 1: MECHANIK – Bestell-Nr. 13 050
KOHL VERLAG

5. Arbeit, Energie und Leistung

5.4 Diplom (Blatt 1)

ab Klasse 7

1.

Größen	Einheiten
Kraft	1 N
Arbeit/Energie	1 Nm, 1 Ws, 1 J, 1 kWh
Leistung	1 W, 1 $\frac{Nm}{s}$

2. Gleichungen:

$$W = F \cdot s$$

$$F = \frac{W}{s}$$

$$s = \frac{W}{F}$$

3.
Mit $W = F_N \cdot \mu \cdot s$ und $g \approx 10\ m/s^2$
➲ $W \approx 700\ N \cdot 0{,}4 \cdot 5\ m \approx 1400\ Nm$

Der Mann muss eine Reibungsarbeit von 1400 Nm verrichten.

4.
Mit $D = F/\Delta l$ die Federkonstante D ermitteln

$$D = \frac{4\ N}{15\ cm} = \frac{4}{15} \frac{N}{cm}$$

Mit $W = ½ \cdot D \cdot s^2$ Spannarbeit berechnen

$$W = ½ \cdot \frac{4}{15} \frac{N}{cm} \cdot (30\ cm)^2$$

$$W = 120\ Ncm = 1{,}2\ Nm$$

Um die Feder auf 30 cm zu dehnen, ist eine Spannarbeit von 1,2 Nm erforderlich.

5.
Mit $W = ½ \cdot F \cdot s$ bzw. $W = ½ \cdot F \cdot \Delta l$
➲ $W = ½ \cdot 5\ N \cdot 6\ cm$
➲ $W = ½ \cdot 5\ N \cdot 0{,}06\ m = 0{,}15\ Nm$

Die Federspannarbeit beträgt 0,15 Nm.

6.
Mit $E_{pot} = m \cdot g \cdot h$
➲ $E_{pot} = 80\ kg \cdot 10\ m/s^2 \cdot (900\ m - 650m)$
$E_{pot} = 800\ N \cdot 250\ m$
$E_{pot} = 200.000\ Nm$

Der Bergsteiger hat gegenüber dem Startplateau eine potenzielle Energie von 200.000 Nm.

7.
a) Mit $W = m \cdot g \cdot \Delta h$
➲ $W \approx 80\ kg \cdot 10\ m/s^2 \cdot 200\ m$
➲ $W \approx 160.000\ Nm$

Der Mann verrichtet eine Hubarbeit von etwa 160 000 Nm.

b) Mit $P = W/t$ →
➲ $P = (160.000\ Nm)/(320\ s)$
➲ $P = 500\ W$

Die Leistung des Mannes beträgt 500 W.

8.
Ergänze:

In der Mechanik bedeutet Energie zu besitzen

ARBEITSVERMÖGEN.

Physik-Basics-Trainer Band 1: MECHANIK • Bestell-Nr. 13 050
KOHL VERLAG

5. Arbeit, Energie und Leistung

ab Klasse 10

5.4 Diplom (Blatt 2)

1. *Rechne die Einheit „1 PS" in Watt um. Entnimm die Angaben dem Bild. Rechne sowohl angenähert mit $g \approx 10\ m/s^2$ als auch exakt mit $g = 9{,}81\ m/s^2$*

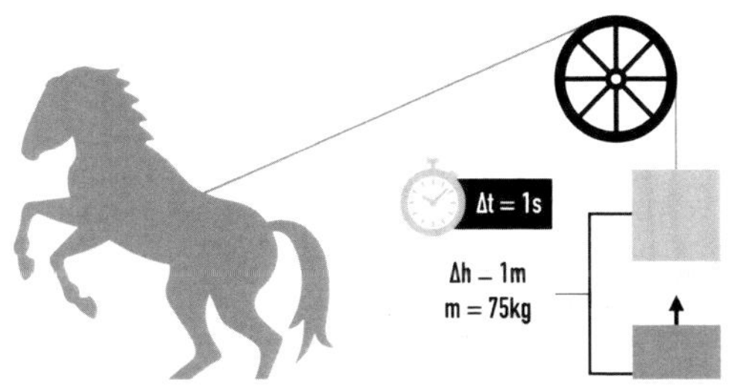

2. *Welcher Zusammenhang besteht zwischen den physikalischen Größen „Arbeit" und „Leistung"?*

3. *An einem Ort mit unbekannter Fallbeschleunigung g_x wird ein Körper mit der Masse 0,5 kg um 12 m angehoben und besitzt danach die potenzielle Energie von 9,6 J. Wie groß ist die Fallbeschleunigung an diesem Ort?*

4. *Ein Wasserkraftwerk nutzt für die Umwandlung der potenziellen Energie von 115 Millionen Liter Wasser (entspricht 115 Millionen Kilogramm) pro Stunde einen Höhenunterschied von 890 m und kann dabei eine elektrische Spitzenleistung von 220 MW abgeben. Mit welchem Wirkungsgrad arbeitet das Kraftwerk? (Rechne mit $g \approx 10\ m/s^2$)*

5. *Welche Aussagen über den Wirkungsgrad η sind zutreffend?*

(A) $0 < \eta < 1$

(B) η wird in der Einheit Nm angegeben.

(C) Es ist das Ziel von Wissenschaft und Technik Maschinen zu entwickeln, sodass gilt: $\eta > 1$.

6. *Berechne ...*

a) *... die kinetische Energie eines mit 180 km/h fahrenden ICE. Die Masse des Zuges beträgt 500 t.*

b) *Wie verändert sich seine kinetische Energie, wenn er seine Geschwindigkeit auf das 1,5-fache erhöht?*

(A) ... auf das 1,5-fache

(B) ... auf das 2,25-fache

(C) ... auf das 3-fache

7. *Ein Schlitten befindet sich in 20 m Höhe. Schlitten und Fahrer wiegen zusammen 45 kg. Am Ende der Abfahrt hat der Schlitten eine Geschwindigkeit von 10 km/h erreicht.*

a) *Berechne die beiden mechanischen Energien zu Beginn und am Ende der Fahrt.*

b) *Berechne den Wirkungsgrad der Schlittenfahrt in Prozent!*

Physik-Basics-Trainer Band 1: MECHANIK – Bestell-Nr. 13 050
KOHL VERLAG

5. Arbeit, Energie und Leistung

5.4 Diplom (Blatt 2)

ab Klasse 10

1. Umrechnung der Einheit „1 PS" in Watt:

1 PS wurde als die Leistung definiert, welche beim Heben eines Körpers der Masse 75 kg um einen Meter innerhalb einer Sekunde erbracht wird.

Berechnung mit $g \approx 10 \frac{m}{s^2}$	Berechnung mit $g \approx 9{,}81 \frac{m}{s^2}$
$m = 75$ kg	
$\Delta h = 1$ m	
$\Delta t = 1$ s	
Leistung $P = \frac{W}{\Delta t} = \frac{m \cdot g \cdot h}{\Delta t}$	
$P \approx \frac{75\ \text{kg} \cdot 10 \frac{m}{s^2} \cdot 1\ \text{m}}{1\ \text{s}}$ $P \approx 750$ Nm/s $P \approx 750$ W	$P \approx \frac{75\ \text{kg} \cdot 9{,}81 \frac{m}{s^2} \cdot 1\ \text{m}}{1\ \text{s}}$ $P \approx 735{,}75$ Nm/s $P \approx 735{,}75$ W
1 PS ≈ 750 W	1 PS = 735,75 W

2. Die physikalische Größe Leistung definiert die pro Zeiteinheit (vorrangig die in einer Sekunde) verrichtete physikalische Arbeit.

3. Aus $E_{pot} = m \cdot g_x \cdot h$ ➲ $g_x = \frac{E_{pot}}{m \cdot h}$

➲ $g_x = \frac{E_{pot}}{m \cdot h} = \frac{9{,}6\ \text{Nm}}{0{,}5\ \text{kg} \cdot 12\ \text{m}} = 1{,}6\ \frac{m}{s^2}$

Die Fallbeschleunigung an diesem Ort beträgt 1,6 m/s².

4. potenzielle Energie des Wassers:

Mit $E_{pot} = m \cdot g \cdot h$

➲ $E_{pot} \approx 115 \cdot 10^6\ \text{kg} \cdot 10\ \text{m/s}^2 \cdot 890\ \text{m}$

➲ $E_{pot} \approx 1{,}02350 \cdot 10^{12}$ Nm

➲ $E_{pot} \approx 1{,}02350 \cdot 10^{12}$ Ws

Elektrische Energie:

Mit $E_{el} = P_{el} \cdot t$

➲ $E_{el} = 220\ \text{MW} \cdot 1\ \text{h}$

➲ $E_{el} = 220 \cdot 10^6\ \text{W} \cdot 3600\ \text{s}$

➲ $E_{el} = 792 \cdot 10^9$ Ws

Wirkungsgrad:

Mit $\eta = E_{ab}/E_{auf}$

➲ $\eta \approx \frac{792 \cdot 10^9\ \text{Ws}}{1{,}02350 \cdot 10^{12}\ \text{Ws}} \approx 0{,}7738...$

Das Kraftwerk arbeitet mit einem Wirkungsgrad von annähernd 77 %.

5. Zutreffend ist:

(A) $0 < \eta < 1$

6. a) Mit $E_{kin} = \frac{1}{2} m \cdot v^2$

➲ $E_{kin} = \frac{1}{2} \cdot 500\ \text{t} \cdot (180\ \text{km/h})^2$

➲ $E_{kin} = \frac{1}{2} \cdot 500.000\ \text{kg} \cdot (50\ \text{m/s})^2$

➲ $E_{kin} = 6{,}25 \cdot 10^8\ \text{Ws} \approx 173{,}611$ kWh

Der fahrende ICE hat eine kinetische Energie von etwa 173,6 kWh.

b) Zutreffend ist

(B) ... auf das 2,25-fache

7. a) Potenzielle Energie zu Beginn der Fahrt:

$E_{pot} \approx m \cdot g \cdot h = 45\ \text{kg} \cdot 10\ \text{m/s}^2 \cdot 20\ \text{m} \approx 9000$ Nm

Kinetische Energie am Ende der Fahrt:

$E_{kin} = \frac{1}{2} m \cdot v^2 = \frac{1}{2} \cdot 45\ \text{kg} \cdot \left(\frac{10\ \text{m}}{3{,}6\ \text{s}}\right)^2 = 173{,}611$ Nm

b) Mit $\eta = E_{ab}/E_{auf}$ ➲ $\eta = \frac{173{,}611\ \text{Nm}}{9000\ \text{Nm}} \approx 0{,}0193$

Der Wirkungsgrad beträgt etwa 2 %.

Physik-Basics-Trainer Band 1: MECHANIK – KOHL VERLAG – Bestell-Nr. 12 959

6. KRAFTUMFORMENDE EINRICHTUNGEN

6.1 Goldene Regel der Mechanik

ab Klasse 7

Kraftumformende Einrichtungen – auch als Kraftwandler bezeichnet – ändern Angriffspunkt, Richtung oder/und Betrag der Kraft.

Kraftwandler sind beispielsweise die lose und die feste Rolle, der Hebel und die geneigte Ebene.

Aus dem Energieerhaltungssatz folgt, dass mit Kraftwandlern zwar Kraft gespart werden kann, jedoch das Produkt aus Kraft und Weg – die Arbeit – konstant bleibt.

(Kurzfassung in der „Goldenen Regel der Mechanik").

Bei der Energiebilanz ist außerdem die Reibung zu beachten.

Aufgabe 1: *Ergänze die „Goldene Regel der Mechanik".*

„Was man an Kraft spart, muss man an Weg ____________."

Man kann folglich keine ____________ sparen.

Aufgabe 2: *Was wird mit einer festen Rolle umgeformt?*

____

____

Welche Kraft ist erforderlich, um mit der festen Rolle einen Körper der Masse 1 kg nach oben zu ziehen?

____

Aufgabe 3: *Welche Kraft ist bei Einsatz einer losen Rolle erforderlich, um einen Körper der Masse 1 kg nach oben zu ziehen? Begründe deine Antwort.*

____

____

____

____

Aufgabe 4: *Wer formulierte erstmalig die „Goldene Regel der Mechanik"?*

(A) Archimedes

(B) Galileo Galilei

(C) Isaac Newton

Aufgabe 5: *Wieviel Kraft spart man bei dieser Vorrichtung? Wieviel Meter muss man das freie Seilende bewegen, um die Last einen Meter zu heben?*

____

____

____

Aufgabe 6: *Welche Kraft muss man aufbringen, um mit diesem Flaschenzug einen Körper der Masse 1 kg nach oben zu ziehen?*

Wovon hängt allgemein die Kraftersparnis bei einem Flaschenzug ab?

KOHL VERLAG Physik-Basics-Trainer Band 1: MECHANIK – Bestell-Nr. 13 050

6. Kraftumformende Einrichtungen

6.1 Goldene Regel der Mechanik

ab Klasse 7

Kraftumformende Einrichtungen – auch als Kraftwandler bezeichnet – ändern Angriffspunkt, Richtung oder/und Betrag der Kraft.

Kraftwandler sind beispielsweise die lose und feste Rolle, der Hebel und die geneigte Ebene.

Aus dem Energieerhaltungssatz folgt, dass mit Kraftwandlern zwar Kraft gespart werden kann, jedoch das Produkt aus Kraft und Weg – die Arbeit – konstant bleibt.

(Kurzfassung in der „Goldenen Regel der Mechanik“).

Bei der Energiebilanz ist außerdem die Reibung zu beachten.

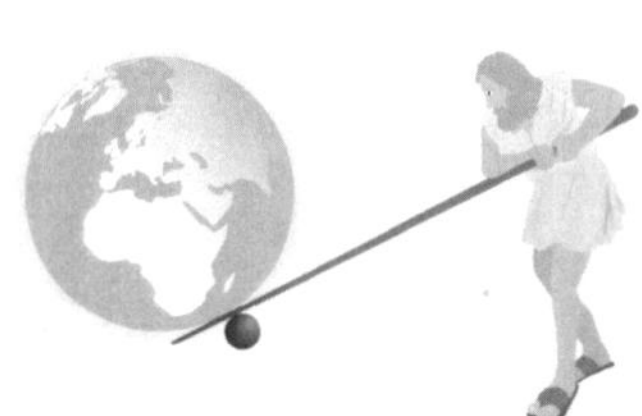

Aufgabe 1:

„Was man an Kraft spart, muss man an Weg **zusetzen**.“

Man kann folglich keine **Arbeit** sparen.

Aufgabe 4: Zutreffend ist:

(B) Galileo Galilei

Aufgabe 2:

Mit einer festen Rolle werden die Kraftrichtung und der Angriffspunkt der Kraft geändert.

Um mit der festen Rolle einen Körper der Masse 1 kg nach oben zu ziehen, ist eine Kraft von etwa 10 N (mit $g \approx 10\ m/s^2$) erforderlich.

Aufgabe 5:

Bei dieser Vorrichtung spart man die halbe Kraft. Um die Last einen Meter zu heben, muss man das freie Seilende zwei Meter bewegen.

Aufgabe 3:

Mit der losen Rolle ist eine Kraft von 5 N (mit $g \approx 10\ m/s^2$) erforderlich, um einen Körper der Masse 1 kg nach oben zu ziehen.

Begründung: Die Last verteilt sich auf zwei tragende Seilenden.

Aufgabe 6:

Mit diesem Flaschenzug muss man eine Kraft von 2,5 N aufbringen, um einen Körper der Masse 1kg nach oben zu ziehen.

Bei einem Flaschenzug hängt die Kraftersparnis von der Anzahl der kombinierten losen Rollen bzw. von der Anzahl der tragenden Seile ab.

KOHL VERLAG Physik-Basics-Trainer Band 1: MECHANIK • Bestell-Nr. 13 050

6. Kraftumformende Einrichtungen

6.2 Hebel und geneigte Ebene

ab Klasse 7

Gesetze am

einseitigen Hebel **zweiseitigen Hebel**

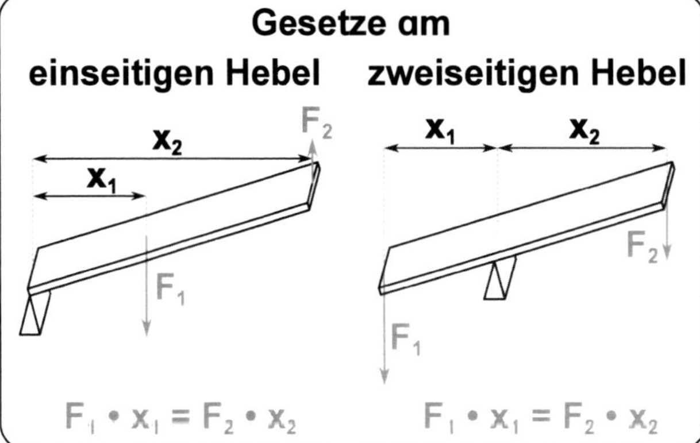

Gesetze an der geneigten Ebene

Es gilt:

$F_G \cdot h = F_H \cdot l$

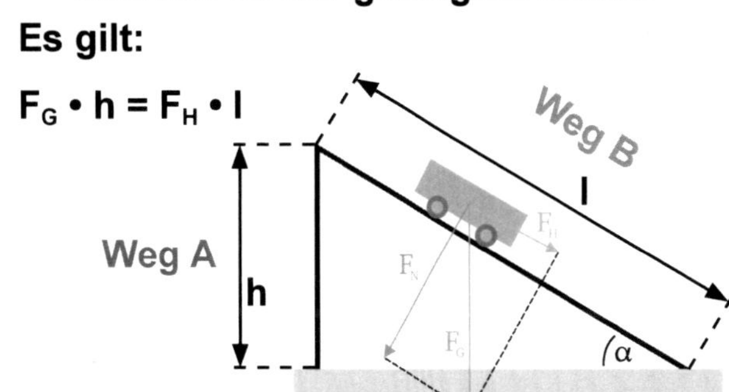

Aufgabe 1: *Ergänze den Text zum Hebelgesetz:*
„Kraft mal Kraftarm gleich

____ *"*

Last

Kraft

Aufgabe 3: *Welche physikalische Bedeutung haben die Produkte*

a) $F_G \cdot h$ *und*

b) $F_H \cdot l$

an der geneigten Ebene? (siehe Abbildung oben)

Aufgabe 2: *Gib Werte für die Längen der Hebelarme a und b an, sodass der Hebel im Gleichgewicht ist.*

____

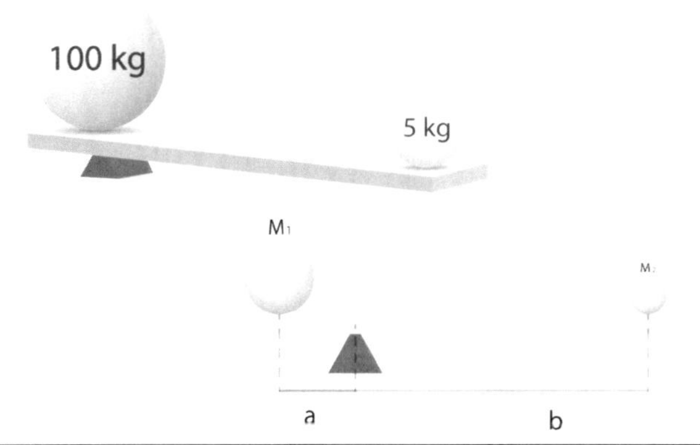

Aufgabe 4: *Um Fässer der Masse 100 kg auf die 1,20 m hohe Ladefläche eines LKW zu befördern, werden sie auf einer Rampe hochgerollt. Wie lang muss die Rampe mindestens sein, wenn der Fahrer höchstens eine Kraft von 300 N aufbringen kann? (Rechne mit g ≈ 10 m/s²)*

Aufgabe 5: *Welche Kraft ist erforderlich, um eine Box der Masse 120 kg mit einem einseitigen Hebel anzuheben, wenn x = 30 cm und y = 60 cm beträgt? (Rechne mit g ≈ 10 m/s².)*

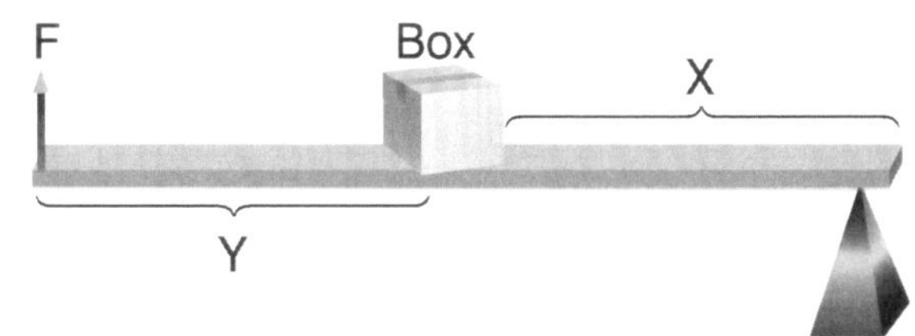

Physik-Basics-Trainer Band 1: MECHANIK – Bestell-Nr. 13 050
KOHL VERLAG

6. Kraftumformende Einrichtungen

6.2 Hebel und geneigte Ebene

ab Klasse 7

Gesetze am

einseitigen Hebel **zweiseitigen Hebel**

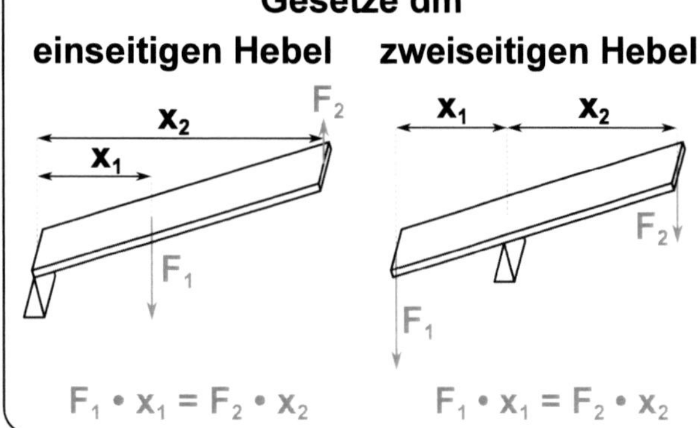

Gesetze an der geneigten Ebene

Es gilt:

$F_G \cdot h = F_H \cdot l$

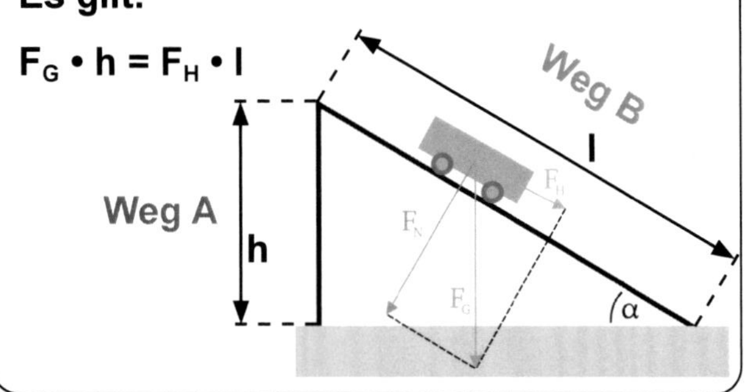

Aufgabe 1:

Hebelgesetz:

„Kraft mal Kraftarm gleich Last mal Lastarm“

Aufgabe 3:

a) Das Produkt $F_G \cdot h$ dient zur Berechnung der Hubarbeit zum Überwinden der Gewichtskraft auf dem Weg A der Ebene.

b) Das Produkt $F_H \cdot l$ dient zur Berechnung der Arbeit beim Überwinden der Hangabtriebskraft auf dem Weg B der geneigten Ebene.

Aufgabe 2:

Beispielsweise:

a	b	100 kg • a = 5 kg • b
0,5 m	10 m	100 kg • 0,5 m = 5 kg • 10 m
1 m	20 m	100 kg • 1 m = 5 kg • 20 m

Aufgabe 4:

Aus $F_G \cdot h = F_H \cdot l$

➲ $l = \frac{F_G}{F_H} \cdot h = \frac{1000\ \text{N}}{300\ \text{N}} \cdot 1{,}20\ \text{m} = 4\ \text{m}$

Die Rampe muss mindestens 4 m lang sein.

Aufgabe 5:

Aus $F \cdot (x + y) = 1200\ \text{N} \cdot x$

➲ $F \cdot (30\ \text{cm} + 60\ \text{cm}) = 1200\ \text{N} \cdot 30\ \text{cm}$

➲ $F = \frac{1200\ \text{N} \cdot 30\ \text{cm}}{90\ \text{cm}} = 400\ \text{N}$

Es ist eine Kraft von 400 N erforderlich.

Physik-Basics-Trainer Band 1: MECHANIK – Kohl-Verlag – Bestell-Nr. 12 950

6. Kraftumformende Einrichtungen

6.3 Diplom

ab Klasse 7

1. *Welchen Zweck erfüllen Kraftwandler?*

2. *Was besagt die „Goldene Regel der Mechanik"?*

3. *Ist es möglich, dass ein zweiseitiger Hebel, auf dem ein Elefant der Masse 3,5 t in 1 m Abstand vom Drehpunkt steht, durch einen Menschen der Masse 70 kg ins Gleichgewicht gebracht werden kann? Begründe deine Antwort durch Rechnung.*
(Rechne mit $g \approx 10\ m/s^2$.)

4. *Bei welchen Abbildungen wird eine praktisch sinnvolle Belastung des Hebels dargestellt?*

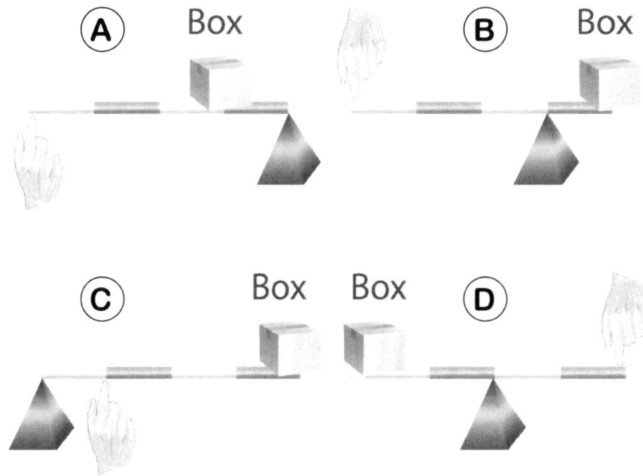

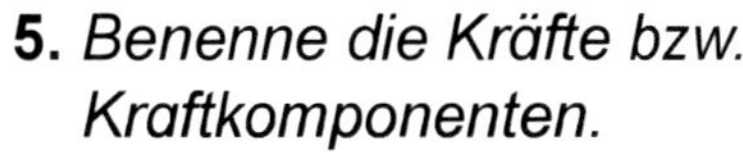

5. *Benenne die Kräfte bzw. Kraftkomponenten.*

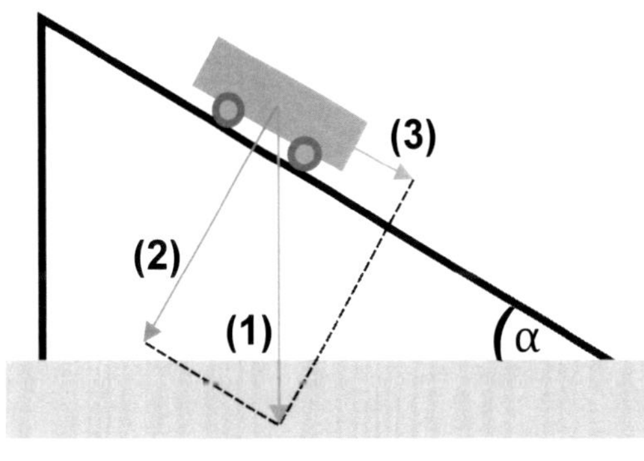

1) ______________________

2) ______________________

3) ______________________

Wovon hängt es ab, wieviel Kraft man spart?

____

6. *Eine Rampe zu einer Auffahrt ist 3,2 m lang. Mit ihr wird ein Höhenunterschied von 0,40 m überwunden. Berechne die Hangabtriebskraft, die auf ein Auto der Masse 1,2 t wirkt.*
(Rechne mit $g \approx 10\ m/s^2$.)

7. *Nur für mutige Experten aus Klasse 10* *(siehe Extrablatt S. 83)*

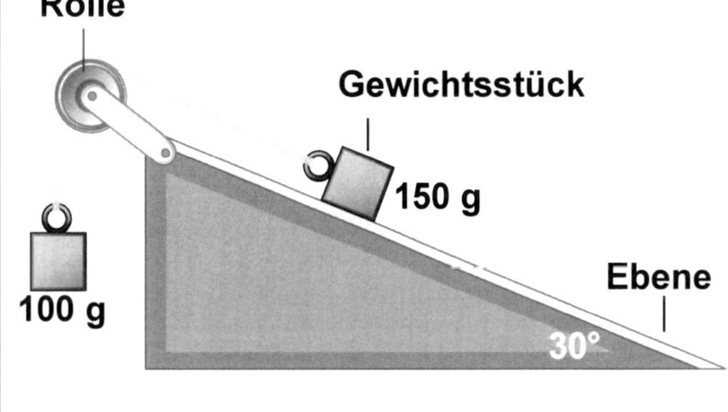

Physik-Basics-Trainer Band 1: MECHANIK – Bestell-Nr. 13 050
KOHL VERLAG

6. Kraftumformende Einrichtungen

6.3 Diplom

ab Klasse 7

1.
Kraftwandler ändern Angriffspunkt, Richtung oder (und) Betrag der Kraft.

2.
Für kraftumformende Einrichtungen gilt: „Was man an Kraft spart, muss man an Weg zusetzen."

3.
Ja, das ist möglich, wenn der Kraftarm lang genug ist.

Rechnung:
Last: 3,5 t = 3500 kg
Gewichtskraft: 35.000 N (mit $g \approx 10\ m/s^2$)
Lastarm: 1 m

Kraft: 700 N (mit $g \approx 10\ m/s^2$)
Kraftarm: x
Mit dem Hebelgesetz folgt:

$$35.000\ N \cdot 1\ m = 700\ N \cdot x$$

$$x = \frac{35.000\ N \cdot 1\ m}{700\ N} = 50\ m$$

Bei einer Länge des Kraftarms von 50 m ist der Hebel im Gleichgewicht.

4. Richtig sind:

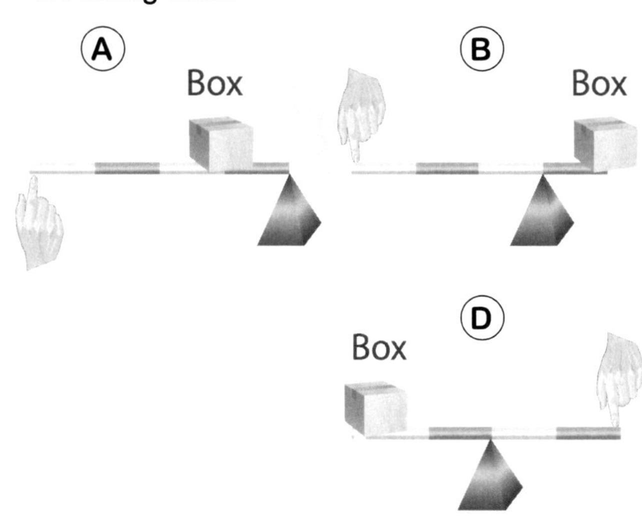

5.
(1) Gewichtskraft F_G
(2) Normalkraft F_N
(3) Hangabtriebskraft F_H

Die Krafteinsparung hängt von der Größe des Neigungswinkels α der Ebene ab.
Je kleiner α, desto mehr Kraft spart man.

6.
Aus $F_G \cdot h = F_H \cdot l$

➲ $F_H = F_G \cdot \frac{h}{l}$

➲ $F_H = 12\ 000\ N \cdot \frac{0{,}40\ m}{3{,}20\ m}$

➲ $F_H = 1500\ N$

Auf dieser Rampe wirkt auf das Auto eine Hangabtriebskraft vom 1500 N.

7.

Das System wird bei Annahme eines reibungsfreien Vorgangs mit $1\ m/s^2$ beschleunigt.

(Ausführliche Lösung auf dem Extrablatt Seite 84)

Physik-Basics-Trainer

6. Kraftumformende Einrichtungen

6.4 Extrablatt für Fortgeschrittene & Wissbegierige

ab Klasse 10

Aufgabe:

Das Gewichtsstück der Masse m_1 = 150 g, welches sich auf der geneigten Ebene befindet, soll durch das Gewichtsstück der Masse m_2 = 100 g beschleunigt werden. Der Neigungswinkel der Ebene beträgt 30°.

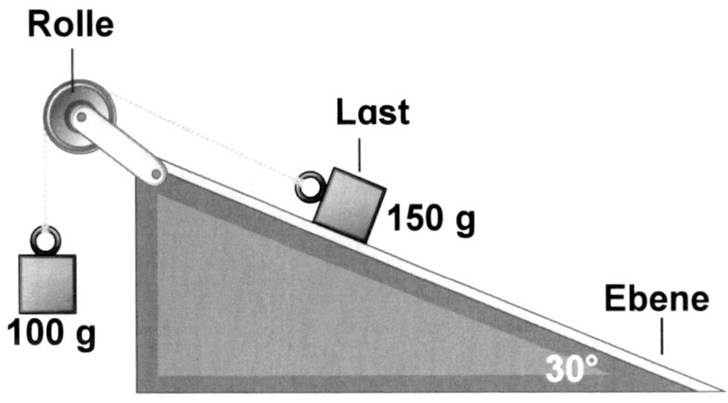

a) *Ist das überhaupt möglich? Begründe deine Antwort.*

b) *Welche Gewichtskräfte F_{G1} und F_{G2} greifen an den Massen m_1 und m_2 an? (Rechne mit $g \approx 10\ m/s^2$.)*

c) *Berechne die Hangabtriebskraft F_H, welche an der Masse m_1 angreift.*

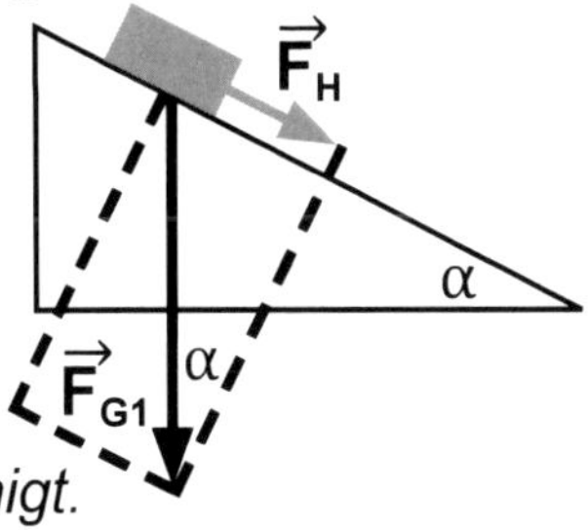

d) *Berechne die resultierende Kraft F_{res}, welche das System beschleunigt.*

e) *Ermittle die Beschleunigung a unter der Voraussetzung, dass die Reibung vernachlässigt wird.*

Physik-Basics-Trainer Band 1: MECHANIK – Bestell-Nr. 13 050
KOHL VERLAG

6. Kraftumformende Einrichtungen

6.4 Extrablatt für Fortgeschrittene & Wissbegierige

ab Klasse 10

Aufgabe:

Das Gewichtsstück der Masse m_1 = 150 g, welches sich auf der geneigten Ebene befindet, soll durch das Gewichtsstück der Masse m_2 = 100 g beschleunigt werden. Der Neigungswinkel der Ebene beträgt 30°.

a) Der erste Eindruck, dass eine Masse von m_2 =100 g nicht ausreicht, um eine Masse von
m_1 =150 g zu beschleunigen, ist unbedacht, da zu berücksichtigen ist, dass nur die Hangabtriebskraft F_H als Komponente der Gewichtskraft des Körpers mit der Masse m_1 die treibende Kraft des Systems beeinflusst.

b) Umrechnung von Masse in Gewichtskraft

$F_{G1} = m_1 \cdot g = 150\ g \cdot 10\ m/s^2 = 0{,}150\ kg \cdot 10\ m/s^2 = 1{,}5\ kg \cdot m/s^2 = 1{,}5\ N$

$F_{G2} = m_2 \cdot g = 100\ g \cdot 10\ m/s^2 = 0{,}100\ kg \cdot 10\ m/s^2 = 1\ kg \cdot m/s^2 = 1\ N$

c) Berechnung der Hangabtriebskraft

$\sin \alpha = F_H/F_{G1}$ ➲ $\sin 30° = F_H/(1{,}5\ N)$ ➲ $F_H = 0{,}5 \cdot 1{,}5\ N = 0{,}75\ N$

$F_H = 0{,}75\ N$

d) $F_{res} = F_{G2} - F_H = 1\ N - 0{,}75\ N = 0{,}25\ N$

$F_{res} = 0{,}25\ N$

e) Ansatz mit dem zweiten Newtonschen Gesetz (Grundgesetz)

$F_{res} = m \cdot a$

$0{,}25\ N = (100\ g + 150\ g) \cdot a$ ➲ $0{,}25\ N = 250\ g \cdot a$

$a = \frac{0{,}25\ N}{0{,}250\ kg}$ ➲ $a = 1\ \frac{m}{s^2}$

Das System wird bei Annahme eines reibungsfreien Vorgangs mit 1 m/s² beschleunigt.

Physik-Basics-Trainer Band 1: MECHANIK – Bestell-Nr. 13 050 – KOHL VERLAG

7. KRAFTSTOẞ UND IMPULS

Für Fortgeschrittene — **ab Klasse 10**

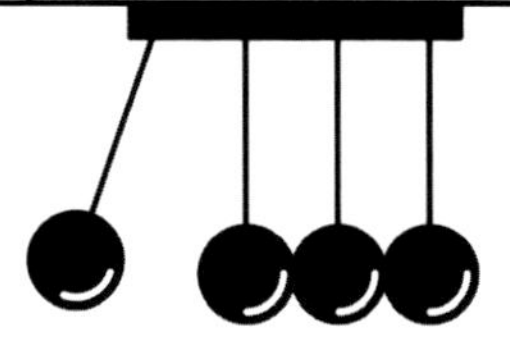

Einfache Grundlagen

Für den Impuls $\vec{p}$ eines mit der Geschwindigkeit $\vec{v}$ bewegten Körpers der Masse m gilt:

$\vec{p} = m \cdot \vec{v}$ Einheit: 1 Ns (Newtonsekunde)

Der Impuls ist eine vektorielle (gerichtete) Größe, welche den Zustand eines Körpers beschreibt. Der Gesamtimpuls eines mechanisch abgeschlossenen Systems bleibt stets konstant (Impulserhaltungssatz).

Die Wirkung einer Kraft auf einen Körper ist sowohl von Betrag und Richtung dieser Kraft $\vec{F}$ als auch von der Zeitdauer Δt ihrer Einwirkung abhängig. Dieser Sachverhalt wird durch die physikalische Prozessgröße „Kraftstoß" ($\vec{I}$) erfasst.

Es gilt: $\vec{I} = \vec{F} \cdot \Delta t$, wenn $\vec{F}$ während der Zeitdauer Δt konstant ist. Einheit: 1 Ns

Jeder Kraftstoß führt zu einer Impulsänderung: $\vec{I} = \Delta\vec{p}$

Bei unelastischen Stößen wird ein Teil der kinetischen Energie in innere Energie (Deformation und Reibungswärme) umgesetzt.

Aufgabe 1: *Nenne ein anderes Wort, welches den physikalischen Begriff „Impuls" umgangssprachlich beschreibt.*

____

Aufgabe 2: *Auf eine 500 g schwere Stahlkugel, die sich mit einer Geschwindigkeit von 5 m/s gleichförmig bewegt, wirkt während der Dauer von 2 s eine konstante Kraft von 10 N in Bewegungsrichtung ein. Berechne den Kraftstoß. Auf welchen Wert wächst die Geschwindigkeit infolge der Impulsänderung an?*

Aufgabe 3: *Beschreibe den Versuch mit dem Newton-Pendel zur Demonstration des Impulserhaltungssatzes verbal oder mit einer Skizze auf einem gesonderten Blatt.*

Aufgabe 4: *Berechne den Impuls, welchen eine Passagiermaschine der Masse 45 t bei einer Reisegeschwindigkeit von 900 km/h hat.*

Aufgabe 5: *Ein Boot der Masse 45 kg treibt auf einem Fluss, der mit 4 km/h dahinströmt. Ein 55 kg schwerer Junge springt in Flussrichtung mit 3 m/s Geschwindigkeit ins Boot. Mit welcher Geschwindigkeit treibt jetzt das bemannte Boot weiter?*

Aufgabe 6: *Eine Kugel der Masse 10 g wird mit 400 m/s Geschwindigkeit aus einem Gewehr der Masse 4,0 kg abgeschossen. Berechne den Betrag der Rückstoßgeschwindigkeit des Gewehrs.*

KOHL VERLAG Physik-Basics-Trainer Band 1: MECHANIK – Bestell-Nr. 13 050

7. Kraftstoß und Impuls

Für Fortgeschrittene

ab Klasse 10

Aufgabe 1:

Zum Beispiel:

Schwung oder Wucht

Aufgabe 4:

Mit $p = m \cdot v$

➲ $p = 45\ t \cdot 900\ km/h$

➲ $p = 45\,000\ kg \cdot \frac{900\ m}{3{,}6\ s}$

$p = 11.250.000\ Ns$

Die Passagiermaschine hat während des Fluges einen Impuls von $1{,}125 \cdot 10^7$ Ns.

Aufgabe 2:

Kraftstoß:

Mit $I = F \cdot \Delta t$ ➲ $I = 10\ N \cdot 2\ s = 20\ Ns$

Impulsänderung:

Mit $I = \Delta p$ ➲ $\Delta p = 20\ Ns$

Geschwindigkeitsänderung:

Mit $\Delta p = m \cdot v_2 - m \cdot v_1$ ➲

$\Delta p = m \cdot (v_2 - v_1) = 500\ g \cdot (v_2 - 5\ m/s)$

$20\ Ns = 500\ g \cdot (v_2 - 5\ m/s)$

$v_2 - 5\ m/s = \frac{20\ Ns}{500\ g} = \frac{20\ Ns}{0{,}5\ kg} = 40\ m/s$

$v_2 = 45\ m/s$

Die Geschwindigkeit wächst infolge des Kraftstoßes auf 45 m/s an.

Aufgabe 5:

Vor dem Stoß:

$m_1 = 45\ kg \qquad v_1 = 4\ km/h$

$m_2 = 55\ kg \qquad v_2 = 3\ m/s$

Nach dem Stoß

$m' = m_1 + m_2 = 100\ kg \qquad v'$ gesucht

Mit dem Ansatz

$m_1 \cdot v_1 + m_2 \cdot v_2 = (m_1 + m_2) \cdot v'$ ➲

$45\ kg \cdot 4\ km/h + 55\ kg \cdot 3\ m/s = 100\ kg \cdot v'$

$45\ kg \cdot \frac{4\ m}{3{,}6\ s} + 55\ kg \cdot 3\ m/s = 100\ kg \cdot v'$

$215\ kg \cdot m/s = 100\ kg \cdot v'$

$v' = 2{,}15\ m/s$

Das bemannte Boot treibt mit einer Geschwindigkeit von 2,15 m/s weiter.

Aufgabe 3:

Nach Auslenkung einer Kugel wird beim Zurückpendeln mit dem Kraftstoß auf eine weitere Kugel der Impuls auf die entsprechende Kugel auf der gegenüberliegenden Seite übertragen, was bei Vernachlässigung der Reibung zu deren Auslenkung mit gleicher Schwingungsweite führt. Ebenso beim Anstoß von zwei, drei oder vier Kugeln. Der Impuls bleibt folglich – so wie die Anzahl der in Schwingung versetzten Kugeln – erhalten.

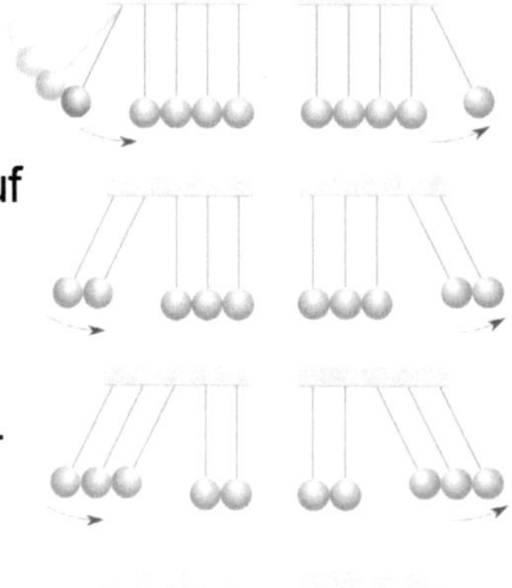

Aufgabe 6:

Mit dem Ansatz

$m_1 \cdot v_1 = m_2 \cdot v_2$ ➲

$10\ g \cdot 400\ m/s = 4\ kg \cdot v_2$ ➲

$v_2 = \frac{0{,}010\ kg \cdot 400\ \frac{m}{s}}{4\ kg} = 1\ m/s$

Die Rückstoßgeschwindigkeit des Gewehrs beträgt 1 m/s.

KOHL VERLAG Physik-Basics-Trainer Band 1: MECHANIK – Bestell-Nr. 12 050

8. Über berühmte Physiker und ihre Erfindungen

ab Klasse 7

Das sollte jeder wissen

Aufgabe 1: *Von welchem berühmten Forscher stammt der Ausspruch:*

„Gebt mir einen festen Punkt, und ich hebe die Welt aus den Angeln“?

Aufgabe 2: *Welcher Gelehrte des Altertums vertrat die irrtümliche Auffassung, dass schwere Körper schneller fallen als leichte?*

Aufgabe 3: *Welcher Physiker ließ bei einem Experiment zur Entdeckung der Fallgesetze Kugeln von einem Turm fallen?*

Aufgabe 4: *Das geozentrische Weltbild, welches besagt, dass die Erde im Mittelpunkt des Weltalls stehe und Planeten und Sterne sich um die Erde drehen, wurde von dem antiken Gelehrten ... vertreten.*

Aufgabe 5: *Der Astronom ... stellte bereits im Mittelalter die mutige Behauptung auf, dass Planeten und Sterne nicht die Erde umkreisen, sondern die Sonne im Zentrum steht.*

Aufgabe 6: *Welcher Forscher erkannte und formulierte das weltberühmte Gesetz über die Kraft, welche auch die Planeten in unserem Sonnensystem „zusammenhält“?*

Aufgabe 7: *Dass die Planeten bei ihrem Umlauf um die Sonne keine Kreisbahnen beschreiben, sondern Ellipsen, erkannte welcher Forscher?*

Aufgabe 8: *Die grundlegenden Gesetze über Kräfte als Ursache von Bewegungen wurden von ... formuliert und später nach ihm benannt.*

Aufgabe 9: *Welcher Forscher erfand bereits im Altertum eine Schraube, mit welcher man Wasser nach oben befördern kann?*

Aufgabe 10: *Wer wies mit Hilfe zweier evakuierter Halbkugeln und 16 Pferden den Luftdruck nach?*

Aufgabe 11: *Nach welchem französischen Forscher wurde die Einheit des Druckes benannt?*

Aufgabe 12: *Auf wen geht der freudige Ausruf „Heureka“ nach gelungener Lösung einer schwierigen (meist geistigen) Aufgabe zurück?*

KOHL VERLAG Physik-Basics-Trainer Band 1: MECHANIK – Bestell-Nr. 13 050

8. Über berühmte Physiker und ihre Erfindungen	ab Klasse 7
Das sollte jeder wissen	

Aufgabe 1: Archimedes	**Aufgabe 7:** Johannes Kepler
Aufgabe 2: Aristoteles	**Aufgabe 8:** Isaac Newton
Aufgabe 3: Galileo Galilei	**Aufgabe 9:** Archimedes
Aufgabe 4: Claudius Ptolemäus	**Aufgabe 10:** Otto von Guericke
Aufgabe 5: Nikolaus Kopernikus	**Aufgabe 11:** Blaise Pascal
Aufgabe 6: Isaac Newton	**Aufgabe 12:** Archimedes

KOHL VERLAG Physik-Basics-Trainer Band 1: MECHANIK ■ Bestell-Nr. 13 050

9. PHYSIK-BASICS	ab Klasse 7
Puzzle (Blatt 1)	

Aufgabe/Frage		Lösung/Antwort
1.	Wandle 250 cm² in m² um.	1.
2.	Wieviel Liter Wasser passen in einen Würfel der Kantenlänge 5 cm?	2.
3.	200 ml Liter Wasser sind wieviel dm³?	3.
4.	Der Quotient aus Masse und … einer Stoffmenge heißt „Dichte“.	4.
5.	Wieviel ml Wasser verdrängen 1,049 kg Silber beim vollständigen Eintauchen? (ρ_{Silber} = 10,49 g/cm³)	5.
6.	Was bedeutet der Einheitenvorsatz „Kilo“?	6.
7.	Eine Stunde sind wieviel Sekunden?	7.
8.	Wieviel Gramm wiegen 360 ml Wasser?	8.
9.	Wieviel Sekunden hat ein Tag?	9.
10.	Druck ist der Quotient aus Druckkraft und …	10.
11.	Was bedeutet der Einheitenvorsatz „Mega“?	11.
		Niete

Zwölf Vorschläge für deine Antworten – elf passende und eine Niete! Orde richtig zu und finde die Niete.

100	86.400	2,50	360	3600	10^6
Fläche	1/5	1000	0,025	Volumen	1/8

Physik-Basics-Trainer Band 1: MECHANIK – Bestell-Nr. 13 050

KOHL VERLAG

9. Physik-Basics

Puzzle (Blatt 1) — **ab Klasse 7**

	Aufgabe/Frage		*Lösung/Antwort*
1.	Wandle 250 cm² in m² um.	**1.**	**0,025**
2.	Wieviel Liter Wasser passen in einen Würfel der Kantenlänge 5 cm?	**2.**	**1/8**
3.	200 ml Liter Wasser sind wieviel dm³?	**3.**	**1/5**
4.	Der Quotient aus Masse und … einer Stoffmenge heißt „Dichte“.	**4.**	**Volumen**
5.	Wieviel ml Wasser verdrängen 1,049 kg Silber beim vollständigen Eintauchen? (ρ_{Silber} = 10,49 g/cm³)	**5.**	**100**
6.	Was bedeutet der Einheitenvorsatz „Kilo“?	**6.**	**1000**
7.	Eine Stunde sind wieviel Sekunden?	**7.**	**3600**
8.	Wieviel Gramm wiegen 360 ml Wasser?	**8.**	**360**
9.	Wieviel Sekunden hat ein Tag?	**9.**	**86.400**
10.	Druck ist der Quotient aus Druckkraft und …	**10.**	**Fläche**
11.	Was bedeutet der Einheitenvorsatz „Mega“?	**11.**	**10^6**
		Niete	**2,50**

Zwölf Vorschläge für deine Antworten – elf passende und eine Niete! Orde richtig zu und finde die Niete.

100	86.400	2,50	360	3600	10^6
Fläche	**1/5**	**1000**	**0,025**	**Volumen**	**1/8**

Physik-Basics-Trainer Band 1: MECHANIK – Bestell-Nr. 13 050 – KOHL VERLAG

9. Physik-Basics	ab Klasse 7
Puzzle (Blatt 2)	

	Aufgabe/Frage		*Lösung/Antwort*
1.	Ein Korkwürfel hat das Volumen von 1 dm³ und wiegt 150 g. Welche Dichte in g/cm³ hat Kork?	1.	
2.	Welche der gleichschweren Kronen verdrängt mehr Wasser, die Krone aus Gold oder die Krone aus Silber? (ρ_{Gold} = 19,32 g/cm³, ρ_{Silber}= 10,49 g/cm³)	2.	
3.	Nach welchem berühmten Forscher wurde die Einheit der Kraft benannt?	3.	
4.	Die Größe Druck ist der … aus Druckkraft und gedrückter Fläche.	4.	
5.	Zu Ehren welches Gelehrten wurde die Einheit des Drucks benannt?	5.	
6.	Wieviel Pa Auflagedruck verursacht eine Kraft von 300 N, die auf eine Fläche von 2 m² drückt?	6.	
7.	In Flüssigkeiten breitet sich Druck … und gleichmäßig aus.	7.	
8.	Der Schweredruck in Flüssigkeiten nimmt mit der … zu.	8.	
9.	Der Schweredruck hängt auch von der … der Flüssigkeit ab.	9.	
10.	Der normale Luftdruck beträgt etwa ein …	10.	
11.	Der Druck in 15 m Wassertiefe beträgt etwa … bar.	11.	
		Niete	

Zwölf Vorschläge für deine Antworten – elf passende und eine Niete! Orde richtig zu und finde die Niete.

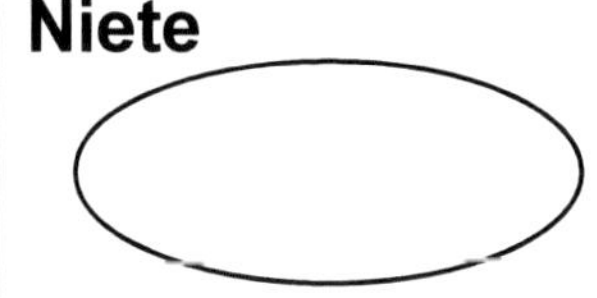

Tiefe	Blaise Pascal	Dichte	150	Gold	bar
Silber	1,5	0,15	allseitig	Isaac Newton	Quotient

Physik-Basics-Trainer Band 1: MECHANIK – Bestell-Nr. 13 050
KOHL VERLAG

9. Physik-Basics	ab Klasse 7
Puzzle (Blatt 2)	

	Aufgabe/Frage		*Lösung/Antwort*
1.	Ein Korkwürfel hat das Volumen von 1 dm³ und wiegt 150 g. Welche Dichte in g/cm³ hat Kork?	1.	**0,15**
2.	Welche der gleichschweren Kronen verdrängt mehr Wasser, die Krone aus Gold oder die Krone aus Silber? (ρ_{Gold} = 19,32 g/cm³, ρ_{Silber}= 10,49 g/cm³)	2.	**Silber**
3.	Nach welchem berühmten Forscher wurde die Einheit der Kraft benannt?	3.	**Isaac Newton**
4.	Die Größe Druck ist der … aus Druckkraft und gedrückter Fläche.	4.	**Quotient**
5.	Zu Ehren welches Gelehrten wurde die Einheit des Drucks benannt?	5.	**Blaise Pascal**
6.	Wieviel Pa Auflagedruck verursacht eine Kraft von 300 N, die auf eine Fläche von 2 m² drückt?	6.	**150**
7.	In Flüssigkeiten breitet sich Druck … und gleichmäßig aus.	7.	**allseitig**
8.	Der Schweredruck in Flüssigkeiten nimmt mit der … zu.	8.	**Tiefe**
9.	Der Schweredruck hängt auch von der … der Flüssigkeit ab.	9.	**Dichte**
10.	Der normale Luftdruck beträgt etwa ein …	10.	**bar**
11.	Der Druck in 15 m Wassertiefe beträgt etwa … bar.	11.	**1,5**
		Niete	**Gold**

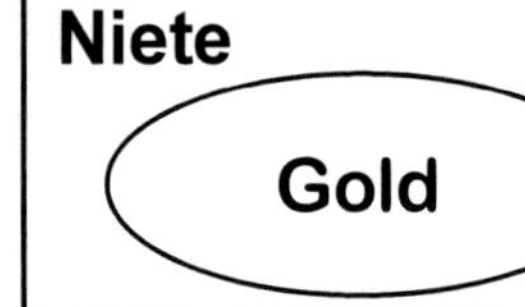

Zwölf Vorschläge für deine Antworten – elf passende und eine Niete! Orde richtig zu und finde die Niete.

Tiefe	Blaise Pascal	Dichte	150	Gold	bar
Silber	1,5	0,15	allseitig	Isaac Newton	Quotient

Physik-Basics-Trainer Band 1: MECHANIK – Bestell-Nr. 13 959 – KOHL VERLAG

9. Physik-Basics Puzzle (Blatt 3)	ab Klasse 7

Aufgabe/Frage		*Lösung/Antwort*
1.	Kräfte sind an ihren … zu erkennen.	1.
2.	Ein Federkraftmesser nutzt die … einer Feder als Messprinzip.	2.
3.	Das Hookesche Gesetz besagt: Kraft und Längenänderung einer elastischen Schraubenfeder sind …	3.
4.	Die Krafteinheit „1 N“ ist definiert als …	4.
5.	Körper verharren in Ruhe oder gleichförmiger Bewegung, solange keine … auf sie wirkt.	5.
6.	Das Newtonsche Grundgesetz besagt: Kraft gleich … mal Beschleunigung.	6.
7.	Durch Krafteinwirkung kann sich der Betrag oder die … der Geschwindigkeit des Körpers ändern.	7.
8.	Das Newtonsche Wechselwirkungsgesetz besagt: „actio“ gleich …	8.
9.	Das Phänomen der Massenanziehung nennt man …	9.
10.	Die Gewichtskraft eines Körpers berechnet man als … seiner Masse und der Fallbeschleunigung.	10.
11.	Ein Körper welcher Masse wird auf der Erde exakt mit einer Kraft von 1 N angezogen? ($g = 9{,}81\ m/s^2$)	11.
		Niete

Zwölf Vorschläge für deine Antworten – elf passende und eine Niete! Orde richtig zu und finde die Niete.

reactio	$1\ kg \cdot \frac{m}{s}$	Gravitation	102 g	Produkt	Verformung
proportional	Wirkungen	$1\ kg \cdot \frac{m}{s^2}$	Masse	Kraft	Richtung

Physik-Basics-Trainer Band 1: MECHANIK – Bestell-Nr. 13 050
KOHL VERLAG

9. Physik-Basics	ab Klasse 7
Puzzle (Blatt 3)	

	Aufgabe/Frage		*Lösung/Antwort*
1.	Kräfte sind an ihren … zu erkennen.	1.	**Wirkungen**
2.	Ein Federkraftmesser nutzt die … einer Feder als Messprinzip.	2.	**Verfor-mung**
3.	Das Hookesche Gesetz besagt: Kraft und Längenänderung einer elastischen Schraubenfeder sind …	3.	**propor-tional**
4.	Die Krafteinheit „1 N“ ist definiert als …	4.	$1\ \mathrm{kg} \cdot \frac{\mathrm{m}}{\mathrm{s}^2}$
5.	Körper verharren in Ruhe oder gleichförmiger Bewegung, solange keine … auf sie wirkt.	5.	**Kraft**
6.	Das Newtonsche Grundgesetz besagt: Kraft gleich … mal Beschleunigung.	6.	**Masse**
7.	Durch Krafteinwirkung kann sich der Betrag oder die … der Geschwindigkeit des Körpers ändern.	7.	**Richtung**
8.	Das Newtonsche Wechselwirkungsgesetz besagt: „actio“ gleich …	8.	**reactio**
9.	Das Phänomen der Massenanziehung nennt man …	9.	**Gravitation**
10.	Die Gewichtskraft eines Körpers berechnet man als … seiner Masse und der Fallbeschleunigung.	10.	**Produkt**
11.	Ein Körper welcher Masse wird auf der Erde exakt mit einer Kraft von 1 N angezogen? ($g = 9{,}81\ \mathrm{m/s^2}$)	11.	**102 g**

Niete

$1\ \mathrm{kg} \cdot \frac{\mathrm{m}}{\mathrm{s}}$

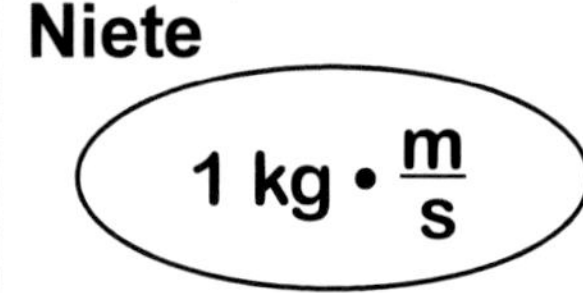

Zwölf Vorschläge für deine Antworten – elf passende und eine Niete! Orde richtig zu und finde die Niete.

reactio	$1\ \mathrm{kg} \cdot \frac{\mathrm{m}}{\mathrm{s}}$	Gravitation	102 g	Produkt	Verformung
proportional	Wirkungen	$1\ \mathrm{kg} \cdot \frac{\mathrm{m}}{\mathrm{s}^2}$	Masse	Kraft	Richtung

Physik-Basics-Trainer Band 1: MECHANIK • Bestell-Nr. 13 059
KOHL VERLAG

9. Physik-Basics	ab Klasse 7
Puzzle (Blatt 4)	

Aufgabe/Frage		Lösung/Antwort
1.	Arbeit ist das … aus Kraft in Wegrichtung und Weg.	1.
2.	Wie heißt die Einheit der Arbeit?	2.
3.	Ein Körper der Masse 200 g wird um 5 m gehoben. Wie groß ist die Hubarbeit? ($g \approx 10\ m/s^2$)	3.
4.	Die Einheit „1 Ws“ ist gleichwertig mit der Einheit …	4.
5.	Der … aus Arbeit und der zum Verrichten benötigten Zeit heißt Leistung.	5.
6.	Wie heißt die Einheit der Leistung?	6.
7.	Die Leistung ist bei konstanter Arbeit … proportional zur benötigten Zeit.	7.
8.	Welche Leistung vollbringt ein Matrose (70 kg), der in 80 s auf den 40 m hohen Schiffsmast klettert?	8.
9.	Welche Arbeit wird von einer Vorrichtung mit der Leistungsangabe „100 W“ in 10 s verrichtet?	9.
10.	Eine Last von 320 kg soll mit einer 4 m langen schiefen Ebene um 1 m gehoben werden. Berechne die Arbeit.	10.
11.	Mit kraftumformenden Einrichtungen kann man Kraft, aber keine Arbeit …	11.

Zwölf Vorschläge für deine Antworten – elf passende und eine Niete! Orde richtig zu und finde die Niete.

Niete

Quotient	1000 Nm	1 W	indirekt	1 N/m	sparen
1 Ws	Produkt	350 W	1 Nm	3200 Ws	10 Nm

Physik-Basics-Trainer Band 1: MECHANIK – Bestell-Nr. 13 050
KOHL VERLAG

9. PHYSIK-BASICS	ab Klasse 7
Puzzle (Blatt 4)	

Aufgabe/Frage		Lösung/Antwort	
1.	Arbeit ist das … aus Kraft in Wegrichtung und Weg.	1.	Produkt
2.	Wie heißt die Einheit der Arbeit?	2.	1 Ws
3.	Ein Körper der Masse 200 g wird um 5 m gehoben. Wie groß ist die Hubarbeit? ($g \approx 10$ m/s²)	3.	10 Nm
4.	Die Einheit „1 Ws" ist gleichwertig mit der Einheit …	4.	1 Nm
5.	Der … aus Arbeit und der zum Verrichten benötigten Zeit heißt Leistung.	5.	Quotient
6.	Wie heißt die Einheit der Leistung?	6.	1 W
7.	Die Leistung ist bei konstanter Arbeit … proportional zur benötigten Zeit.	7.	indirekt
8.	Welche Leistung vollbringt ein Matrose (70 kg), der in 80 s auf den 40 m hohen Schiffsmast klettert?	8.	350 W
9.	Welche Arbeit wird von einer Vorrichtung mit der Leistungsangabe „100 W" in 10 s verrichtet?	9.	1000 Nm
10.	Eine Last von 320 kg soll mit einer 4 m langen schiefen Ebene um 1 m gehoben werden. Berechne die Arbeit.	10.	3200 Ws
11.	Mit kraftumformenden Einrichtungen kann man Kraft, aber keine Arbeit …	11.	sparen

Niete

1 N/m

Zwölf Vorschläge für deine Antworten – elf passende und eine Niete! Orde richtig zu und finde die Niete.

Quotient	1000 Nm	1 W	indirekt	1 N/m	sparen
1 Ws	Produkt	350 W	1 Nm	3200 Ws	10 Nm

Physik-Basics-Trainer Band 4: MECHANIK – KOHL VERLAG – Bestell-Nr. 12 950

9. PHYSIK-BASICS	ab Klasse 7
Puzzle (Blatt 5)	

	Aufgabe/Frage		*Lösung/Antwort*
1.	Eine gleichförmige Bewegung liegt vor, wenn in gleichen Zeitabschnitten gleiche … zurückgelegt werden.	1.	
2.	Berechne die Geschwindigkeit des Radfahrers in km/h, wenn er in 20 s eine Strecke von 150 m zurücklegt.	2.	
3.	Welchen Weg legt ein mit der konstanten Geschwindigkeit von 4 m/s bewegter Körper in 5 s zurück?	3.	
4.	Eine beschleunigte Bewegung liegt vor, wenn sich Betrag oder … der Geschwindigkeit ändern.	4.	
5.	Der Betrag der Beschleunigung ist ein Maß für die Geschwindigkeitsänderung pro …	5.	
6.	Welchen Weg legt ein mit 4 m/s² beschleunigter Körper in 5 s zurück?	6.	
7.	Ein PKW beschleunigt bei „Grün" mit 3 m/s². Nach welcher Zeit zeigt der Tacho „54 km/h" an?	7.	
8.	Welcher Forscher untersuchte die Gesetze der Fallbewegung?	8.	
9.	Schwere und leichte Körper fallen im … gleich schnell.	9.	
10.	Die Fallbeschleunigung auf der Erde beträgt etwa …	10.	
11.	Welche Strecke legt ein Körper beim freien Fall innerhalb von 10 s zurück?	11.	

Zwölf Vorschläge für deine Antworten – elf passende und eine Niete! Orde richtig zu und finde die Niete.

Niete

Sekunde	10 m/s	Richtung	50 m	Galilei	10 m/s²
500 m	20 m	27	Wege	Vakuum	5 s

Physik-Basics-Trainer – Bestell-Nr. 13 050
Band 1: MECHANIK
KOHL VERLAG

9. PHYSIK-BASICS	ab Klasse 7
Puzzle (Blatt 5)	

Aufgabe/Frage	Lösung/Antwort
1. Eine gleichförmige Bewegung liegt vor, wenn in gleichen Zeitabschnitten gleiche … zurückgelegt werden.	1. Wege
2. Berechne die Geschwindigkeit des Radfahrers in km/h, wenn er in 20 s eine Strecke von 150 m zurücklegt.	2. 27
3. Welchen Weg legt ein mit der konstanten Geschwindigkeit von 4 m/s bewegter Körper in 5 s zurück?	3. 20 m
4. Eine beschleunigte Bewegung liegt vor, wenn sich Betrag oder … der Geschwindigkeit ändern.	4. Richtung
5. Der Betrag der Beschleunigung ist ein Maß für die Geschwindigkeitsänderung pro …	5. Sekunde
6. Welchen Weg legt ein mit 4 m/s² beschleunigter Körper in 5 s zurück?	6. 50 m
7. Ein PKW beschleunigt bei „Grün" mit 3 m/s². Nach welcher Zeit zeigt der Tacho „54 km/h" an?	7. 5 s
8. Welcher Forscher untersuchte die Gesetze der Fallbewegung?	8. Galilei
9. Schwere und leichte Körper fallen im … gleich schnell.	9. Vakuum
10. Die Fallbeschleunigung auf der Erde beträgt etwa …	10. 10 m/s²
11. Welche Strecke legt ein Körper beim freien Fall innerhalb von 10 s zurück?	11. 500 m
	Niete: 10 m/s

Zwölf Vorschläge für deine Antworten – elf passende und eine Niete! Orde richtig zu und finde die Niete.

Sekunde	10 m/s	Richtung	50 m	Galilei	10 m/s²
500 m	20 m	27	Wege	Vakuum	5 s

Physik-Basics-Trainer Band 1: MECHANIK – Bestell-Nr. 12 050 – KOHL VERLAG

9. PHYSIK-BASICS	ab Klasse 7
Puzzle (Blatt 6)	

	Aufgabe/Frage		Lösung/Antwort
1.	Die Fähigkeit Arbeit zu verrichten, bezeichnet man in der Physik als …	1.	
2.	Die Energie kann in den Einheiten Wattsekunde (Ws), Newtonmeter (Nm) oder in … gemessen werden.	2.	
3.	Eine kWh (Kilowattstunde) sind wieviel Ws (Wattsekunden)?	3.	
4.	Infolge des Verrichtens von Hubarbeit besitzt ein Körper …	4.	
5.	Die … eines Wasserkraftwerkes wandeln die potenzielle Energie des Oberwassers in kinetische Energie um.	5.	
6.	Wieviel Ws kinetische Energie besitzt ein 20 kg schwerer Körper, der sich mit 60 m/s Tempo bewegt?	6.	
7.	Der Satz von der … der Energie besagt, dass Energie weder erzeugt werden kann, noch verschwindet.	7.	
8.	Der Mensch macht sich die … der Energieformen zunutze.	8.	
9.	Der … technischer Vorrichtungen gibt das Verhältnis der abgegebenen zur zugeführten Energie an.	9.	
10.	Unerwünschte Energieumwandlung mechanischer Energie in thermische Energie tritt durch … auf.	10.	
11.	Eine fiktive Maschine, die – einmal in Bewegung versetzt – ewig läuft, nennt man …	11.	

Zwölf Vorschläge für deine Antworten – elf passende und eine Niete! Orde richtig zu und finde die Niete.

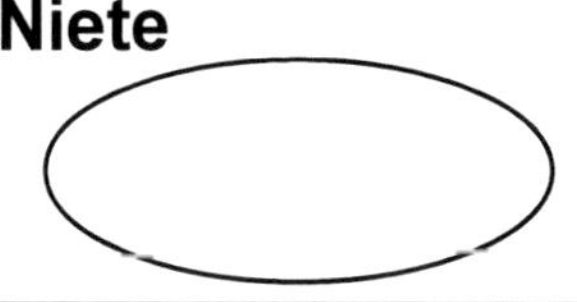

Niete

36.000	Erhaltung	Reibung	Umwandlung	Wirkungsgrad	potenzielle Energie
Perpetuum mobile	360.000	Energie	3.600.000	Joule	Turbinen

Physik-Basics-Trainer Band 1: MECHANIK – Bestell-Nr. 13 050
KOHL VERLAG

9. Physik-Basics	ab Klasse 7
Puzzle (Blatt 6)	

	Aufgabe/Frage		*Lösung/Antwort*
1.	Die Fähigkeit Arbeit zu verrichten, bezeichnet man in der Physik als …	1.	**Energie**
2.	Die Energie kann in den Einheiten Wattsekunde (Ws), Newtonmeter (Nm) oder in … gemessen werden.	2.	**Joule**
3.	Eine kWh (Kilowattstunde) sind wieviel Ws (Wattsekunden)?	3.	**3.600.000**
4.	Infolge des Verrichtens von Hubarbeit besitzt ein Körper …	4.	**potenzielle Energie**
5.	Die … eines Wasserkraftwerkes wandeln die potenzielle Energie des Oberwassers in kinetische Energie um.	5.	**Turbinen**
6.	Wieviel Ws kinetische Energie besitzt ein 20 kg schwerer Körper, der sich mit 60 m/s Tempo bewegt?	6.	**36.000**
7.	Der Satz von der … der Energie besagt, dass Energie weder erzeugt werden kann, noch verschwindet.	7.	**Erhaltung**
8.	Der Mensch macht sich die … der Energieformen zunutze.	8.	**Umwandlung**
9.	Der … technischer Vorrichtungen gibt das Verhältnis der abgegebenen zur zugeführten Energie an.	9.	**Wirkungsgrad**
10.	Unerwünschte Energieumwandlung mechanischer Energie in thermische Energie tritt durch … auf.	10.	**Reibung**
11.	Eine fiktive Maschine, die – einmal in Bewegung versetzt – ewig läuft, nennt man …	11.	**Perpetuum mobile**

Zwölf Vorschläge für deine Antworten – elf passende und eine Niete! Orde richtig zu und finde die Niete.

Niete

360.000

36.000	Erhaltung	Reibung	Umwandlung	Wirkungsgrad	potenzielle Energie
Perpetuum mobile	360.000	Energie	3.600.000	Joule	Turbinen

Physik-Basics-Trainer Band 1: MECHANIK – Bestell-Nr. 12 959 · KOHL VERLAG

9. Physik-Basics	ab Klasse 7
Puzzle (Blatt 7)	

Aufgabe/Frage	Lösung/Antwort
1. Welcher Forscher der Antike wollte (zumindest theoretisch) die Welt mit einem Hebel aus den Angeln heben?	1.
2. Mit einem Hebel kann man … sparen.	2.
3. Welcher Punkt des Hebels bildet die Nahtstelle zwischen Kraftarm und Lastarm?	3.
4. Last 120 kg; Lastarm 1,20 m; Kraftarm 1,80 m Bei welcher Kraft ist der Hebel im Gleichgewicht?	4.
5. Welche Kraft muss man aufbringen, um eine Last von 100 kg Masse mit einer festen Rolle um 20 m zu heben?	5.
6. Gesucht ist ein umgangssprachlicher Begriff für „geneigte Ebene".	6.
7. Welche Hangabtriebskraft wirkt auf eine 80 kg schwere Last, wenn die 10 m lange Ebene 1 m Höhe überwindet?	7.
8. Eine Last von 100 kg soll mit einer losen Rolle gehoben werden. Welche Kraft ist dazu erforderlich?	8.
9. Gesetz der Mechanik, welches besagt, dass man Kraft sparen kann, aber keine Arbeit.	9.
10. Wie nennt man eine Kombination aus losen und festen Rollen?	10.
11. Welcher Physiker formulierte die Goldene Regel der Mechanik ?	11.
	Niete

Zwölf Vorschläge für deine Antworten – elf passende und eine Niete! Orde richtig zu und finde die Niete.

Goldene Regel	80 N	Flaschenzug	Rampe	Pythagoras	500 N
Galilei	1 kN	Archimedes	Kraft	800 N	Drehpunkt

Physik-Basics-Trainer Band 1: MECHANIK – Bestell-Nr. 13 050
KOHL VERLAG

9. PHYSIK-BASICS	ab Klasse 7
Puzzle (Blatt 7)	

	Aufgabe/Frage		*Lösung/Antwort*
1.	Welcher Forscher der Antike wollte (zumindest theoretisch) die Welt mit einem Hebel aus den Angeln heben?	1.	**Archimedes**
2.	Mit einem Hebel kann man … sparen.	2.	**Kraft**
3.	Welcher Punkt des Hebels bildet die Nahtstelle zwischen Kraftarm und Lastarm?	3.	**Drehpunkt**
4.	Last 120 kg; Lastarm 1,20 m; Kraftarm 1,80 m Bei welcher Kraft ist der Hebel im Gleichgewicht?	4.	**800 N**
5.	Welche Kraft muss man aufbringen, um eine Last von 100 kg Masse mit einer festen Rolle um 20 m zu heben?	5.	**1 kN**
6.	Gesucht ist ein umgangssprachlicher Begriff für „geneigte Ebene".	6.	**Rampe**
7.	Welche Hangabtriebskraft wirkt auf eine 80 kg schwere Last, wenn die 10 m lange Ebene 1 m Höhe überwindet?	7.	**80 N**
8.	Eine Last von 100 kg soll mit einer losen Rolle gehoben werden. Welche Kraft ist dazu erforderlich?	8.	**500 N**
9.	Gesetz der Mechanik, welches besagt, dass man Kraft sparen kann, aber keine Arbeit.	9.	**Goldene Regel**
10.	Wie nennt man eine Kombination aus losen und festen Rollen?	10.	**Flaschenzug**
11.	Welcher Physiker formulierte die Goldene Regel der Mechanik ?	11.	**Galilei**

Zwölf Vorschläge für deine Antworten – elf passende und eine Niete! Orde richtig zu und finde die Niete.

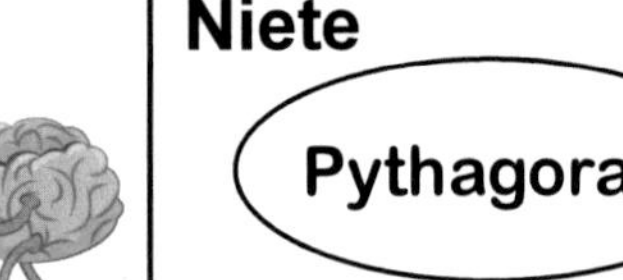

Niete

Pythagoras

Goldene Regel	80 N	Flaschenzug	Rampe	Pythagoras	500 N
Galilei	1 kN	Archimedes	Kraft	800 N	Drehpunkt

Physik-Basics-Trainer Band 1: MECHANIK – Bestell-Nr. 13 050 – KOHL VERLAG

KLASSE: ______________
DATUM: ______________
NAME: ______________

____. WOCHE

9. PHYSIK-BASICS	ab Klasse 7
Puzzle zum Selberbauen	

Aufgabe/Frage	*Lösung/Antwort*
1.	1.
2.	2.
3.	3.
4.	4.
5.	5.
6.	6.
7.	7.
8.	8.
9.	9.
10.	10.
11.	11.
	Niete

Zwölf Vorschläge für deine Antworten – elf passende und eine Niete! Orde richtig zu und finde die Niete.

Physik-Basics-Trainer Band 1: MECHANIK – Bestell-Nr. 13 050
KOHL VERLAG

3. Kraft

Infoseite – Gut zu wissen!

ab Klasse 7

Kraft: Symbol F, als vektorielle Größe $\vec{F}$, Einheit 1 N (Newton), $1\ N = 1\ kg \cdot \frac{m}{s^2}$

Als Kraftwirkungen treten Verformung und Bewegungsänderung von Körpern auf. Kräfte sind durch Betrag und Richtung gekennzeichnet und werden durch Pfeile (Vektoren) dargestellt.

Sir Isaac Newton und seine Kraftgesetze

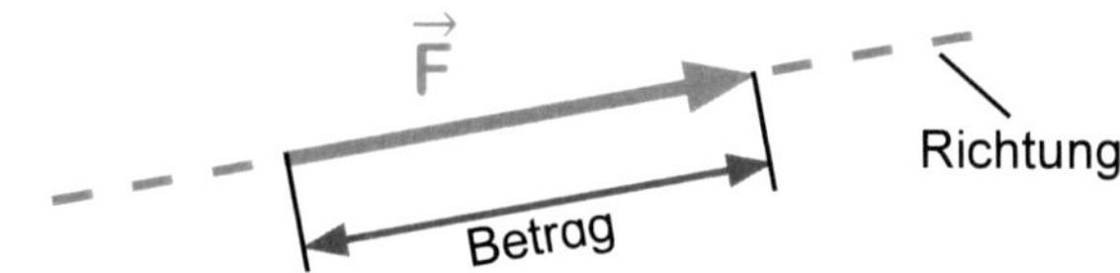

Das erste Newtonsche Gesetz

(auch „lex prima“ oder „Trägheitsprinzip“)

„Ein Körper verharrt im Zustand der Ruhe oder der gleichförmigen geradlinigen Bewegung, sofern jener nicht durch einwirkende Kräfte zur Änderung seines Zustands gezwungen wird.“

Kurzfassung:
Ein kräftefreier Körper bleibt in Ruhe oder bewegt sich geradlinig mit konstanter Geschwindigkeit.

Das zweite Newtonsche Gesetz

(auch „lex secunda“ oder „Aktionsprinzip“)

„Die Änderung der Bewegung ist der Einwirkung der bewegenden Kraft proportional und geschieht nach der Richtung derjenigen geraden Linie, nach welcher jene Kraft wirkt.“

Kurzfassung:
Kraft gleich Masse mal Beschleunigung.

$\vec{F} = m \cdot \vec{a}$

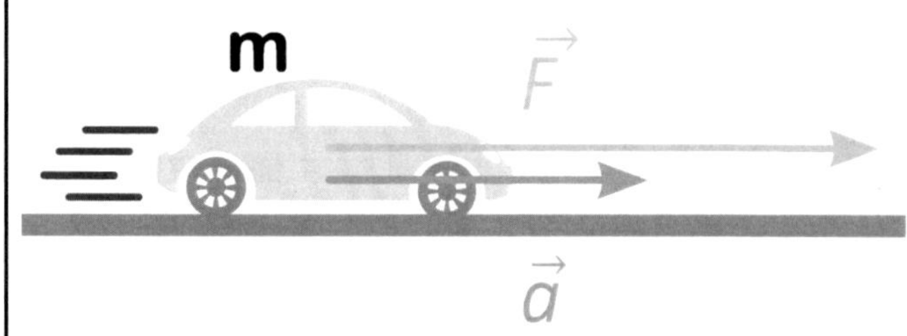

Das dritte Newtonsche Gesetz

(auch „lex tertia“ oder „Wechselwirkungsprinzip“)

„Kräfte treten immer paarweise auf. Übt ein Körper A auf einen anderen Körper B eine Kraft aus (actio), so wirkt eine gleich große, aber entgegen gerichtete Kraft von Körper B auf Körper A (reactio).“

Kurzfassung:
Kraft gleich Gegenkraft.

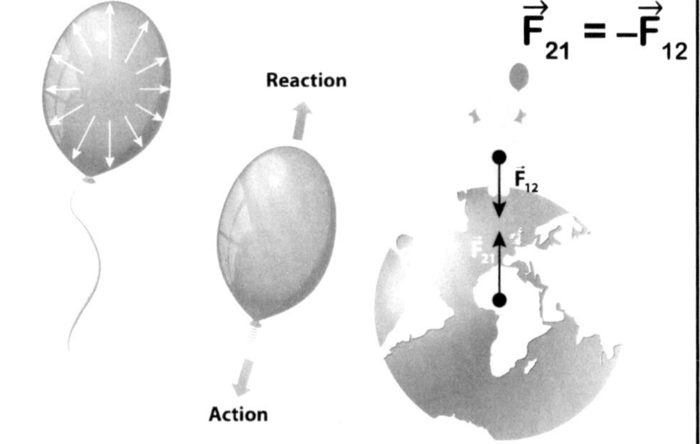